März 2007

Sigrid Westermann

Die Antwort bist Du selbst
Whole-Self

Sigrid Westermann

Die Antwort bist Du selbst

Whole-Self Ein innerer Weg

Ryvellus
Medienverlag

Seeshaupt und München

1. Auflage

Umschlaggestaltung: Claudia Bäuerle
unter Verwendung einer Kalligraphie von Prof. Ye
Lektorat: Rüdiger Schneider
Satz: Ryvellus Medienverlag, Holm v. Egidy
Druck: Wiener Verlag, A - Himberg

ISBN 3 - 89453 - 074-X

Mein Dank gilt Jon R. G. Turner und Troya N. G. Turner,
die die Whole-Self -Methode entwickelten,
sowie meinem Ausbilder, Matthias Eller, der mir
das Wissen darum in meiner Muttersprache vermittelte.

Inhalt

Vorwort von Jon R.G. & Troya Turner

Mein Whole-Self ist die Ganzheit von allem, was ich bin. Es weiß alles, was mein Bewußtsein jemals erfahren hat. Und es will, daß ich mich an alle Gefühle, Eigenurteile und Entscheidungen, die ich je gegen mich gefällt habe, erinnere, sie löse und befreie. Die „Whole-Self-Psychology"* erfaßt die gesamte Persönlichkeit, da sie alle Dimensionen erkennt, aus denen mein Selbst komponiert ist. Und sie erkennt an, daß es eine Dimension meines Bewußtseins gibt, die sich in Symbolen und Bildern mitteilt, in Szenerien und Geschichten, die Gefühle und Reaktionen beschreiben, die ich mein ganzes Leben hindurch (vielleicht sogar mehrere Leben lang) wiederholt habe.

Die Whole-Self-Methode hilft mir, die Quelle oder Herkunft meiner schmerzvollen und reaktiven niederdrückenden Gefühle und Verhaltensweisen zu entdecken. Sie ist eine holistische, transpersonale Psychologie und therapeutische Methode. Sie erkennt an, daß es Aspekte einer jeden Person gibt, die jenseits von nur rationalen empirischen Beweisen existieren. Wie Sie lesen werden, sind die Ergebnisse effektiv und bedeutungsvoll, weil dies ein System ist, das nicht nur den Mind untersucht,

* Für diese englische Originalbezeichnung wird im folgenden der deutsche Begriff „*Whole-Self-Methode*" verwendet.

sondern auch die Verbindung aller Bestandteile, das Ganze des Menschen: das Physische, das Mentale, das Emotionale und das Spirituelle - das Whole-Self.
Die Entdeckungs- und Entwicklungsreise, die die Autorin gleich in diesem Buch mit Ihnen teilen wird, kann Antwort auf die Fragen geben, woher Sie kommen, warum Sie hier sind und vielleicht sogar, wohin Sie gehen. Das Whole-Self hat bisher mehr als 10 000 Klienten in eines der aufregendsten Abenteuer geführt, das überhaupt nur vorstellbar ist.

Es gibt viele tausend veröffentlichte Bücher über den Mind und das Bewußtsein. Dieses Buch jedoch enthält eine spezielle Authentizität. Sigrid Westermann ist es gelungen, die Essenz der Whole-Self-Methode einzufangen. Wir sind überzeugt, daß Sie angeregt werden, neben anderem zu erkennen, daß Ihr eigenes Leben nicht nur Schicksal, Zufall oder gar ein Unfall ist.

Hier der Anfang der Reise, mit der diese Arbeit begann:

Troya:
Ich sollte tot sein!
Als psychiatrische Krankenschwester in der Valerius Klinik in Amsterdam hatte ich Programme entwickelt, mit denen ich die Eßstörungen Anorexia und Bulimia nervosa behandeln wollte. Eines Tages jedoch wurde mir klar, daß ich tatsächlich selbst glaubte, daß diese Frauen mit ihrem gestörten Eßverhalten recht hatten. Sie können sich den Schock vorstellen, den ich bekam, als ich erkannte, daß ich deswegen so fühlte, weil ich selbst seit zwölf Jahren dasselbe Eßverhalten zeigte. Ich wußte aus Erfahrung, daß die Behandlungsweisen der Klinik keinen Erfolg haben würden, und deshalb, so dachte ich, könne ich versuchen, meine Gedanken zu meiner Geburt zurückwandern zu lassen, um vielleicht dort einen Grund für meinen passiven Selbstmord zu finden. Zu meiner Überraschung sah ich statt eines kleinen Babys eine Szene vor meiner Geburt. Meine Mutter saß im

Behandlungszimmer ihres Arztes. Ich hörte ihn sagen: „Wegen des Problems mit Ihrem Uterus müssen Sie sich damit auseinandersetzen, daß Ihr Baby tot auf die Welt kommen könnte!"

Bei diesem inneren Bild erkannte ich, daß die Erwartung meines Lebens war, ich könne tot sein, und ich konnte die emotionalen Reaktionen meiner Mutter auf diese Worte fühlen. Es waren bekannte Gefühle aus meinem Leben - Gefühle von Angst, Panik und Desaster. Am erstaunlichsten war, daß diese emotionalen Muster immer dann aktiviert wurden, wenn mir etwas Gutes in meinem Leben widerfahren sollte. Nachdem ich mich mehrere Male in die Zeitperiode vor meiner Geburt versetzt hatte, konnte ich viele Zusammenhänge für mein Leben herstellen.

Zehn Jahre später erzählte ich Jon R.G. die Geschichte, kurz nachdem wir uns kennengelernt hatten, und er fragte mich, ob ich meine Vision jemals mit meiner Mutter besprochen hätte. Ich mußte zugeben, daß ich das nicht getan hatte. Während unseres nächsten Besuches bei meinen Eltern erzählte ich ihnen, was ich in meiner Vorstellung gesehen hatte. Mein Vater verleugnete die Geschichte lachend. Meine Mutter aber fragte ganz ruhig: „Wie hast du herausgefunden, was der Arzt zu mir gesagt hat? Ich habe es niemals jemandem erzählt, sogar deinem Vater nicht."

Das war die Bestätigung. Seit zwölf Jahren waren Anorexia und Bulimia nervosa mein unbewußter Weg, um die Erwartung, daß ich tot geboren werden könnte, zu erfüllen. Der Gedanke, der meine Pathologie und die Reaktion meiner Mutter auf diese Worte kreierte, war entstanden, bevor ich geboren worden war.

Während des Heilungsprozesses von meinen Eßstörungen wurde bei mir ein tödliches Melanom festgestellt, und man gab mir noch sechs Monate zu leben. In dieser Krise entdeckte ich die Art von Flashbacks, die Jon „Past Lifes" nannte. Die spontanen Regressionen, zusammen mit weiterer Vorgeburtsforschung, waren der Schlüssel für die Heilung dieses Krebses vor zwanzig Jahren.

Jon R. G.:
Parallel dazu wurden mir in meine Praxis in Beverly Hills, Californien, sogenannte hoffnungslose Fälle von anderen Therapeuten überwiesen. Ich wußte intuitiv, daß diese Patienten eine schnelle Heilung erfahren würden, wenn ich sie zu den Erfahrungen ihrer emotionalen Muster während der neun Monate der Schwangerschaft zurückführen würde.
Während sie zu 22 spezifischen Momenten (PAM*) ihres „Werdens“ - dies schließt auch vorgeburtliche Zeiträume mit ein - zurückgingen, erkannten diese Patienten, daß sie nicht schlecht, falsch, schuldig oder krank waren. Sie waren in der Lage, aus sich selbst heraus zu erkennen, daß die ungelösten, unproduktiven und erniedrigenden Muster, die sie gelebt hatten, tatsächlich die von ihren Eltern geborgten emotionalen Gefühle und Reaktionen waren. Sie entdeckten für uns alle, daß wir nicht nur den genetischen Code unserer Eltern erben, der unsere physischen Charakteristika bestimmt, sondern wir erben auch - und es läßt sich einfach nicht besser ausdrücken - ihre emotionale DNA aus den neun Monaten unseres Werdens. Alle Emotionen, speziell geladene Emotionen, die einen Ausstoß von Adrenalin in der Mutter auslösen und die der Vater durch die Mutter erfährt, werden Teil des emotionalen Repertoires, mit dem wir geboren werden.
Unser Babykörper hat sich in ungefähr drei Monaten entwickelt. Die restlichen sechs Monate waren Übung, damit wir nach der Geburt unabhängig leben konnten. Wir hatten also bei unserer Geburt ein beachtliches Menü von Emotionen unserer Mutter, die wir gefühlt haben und ausdrücken konnten. Während unseres ganzen Lebens reagieren wir nicht so sehr durch das, was wir fühlen, sondern - wie David Bohm uns bittet zu sagen - durch die Gefühle von vergangenem Geschehen, die wir als immer noch geschehend erleben. In der Whole-Self-Methode nehmen wir an, daß es die Anhäufung von

* Siehe dazu die Erklärung Seite 30.

immer wieder gefühlten Emotionen ist, die uns überwältigen. Der Durchbruch kommt, wenn wir fähig sind zu erkennen, daß es die Gefühle sind, die unsere Mütter und Väter hatten.

Wir überlassen Sie nun Ihrer eigenen Entdeckungsreise, auf der Sie mit Ihrem Whole-Self Freundschaft schließen können.

*

Jon R.G. & Troya N.G. Turner, Begründer und Begründerin der „Whole-Self-Psychology" sind Co-Direktoren des Institutes for the Whole-Self Discovery &Development, Inc. Amsterdam & Grootebroek, Holland und Santa Fe, New Mexico, USA. Anfang 1970 hat Jon R.G. Turner die Prebirth Memory Therapy in Pionierarbeit entwickelt und war einer der ersten, die die Vorlebensregressionsarbeit gelehrt haben. Er wurde zum Vize-Präsidenten der Internationalen Gesellschaft für Pränatale & Perinatale Psychologie & Medizin gewählt und ist einer der Co-Editoren des Internationalen Journals für Prä- und Perinatale Psychologie & Medizin. Er ist Berater für Villaggio della Madre e del Fanciullo in Mailand, Italien. Die Turners feierten den 25. Jahrestag ihrer Arbeit und haben Whole-Self in 25 Ländern eingeführt. Sie sind beide aktiv in individueller Whole-Self-Therapie, sie lehren, machen Rundfunk- und Fernsehsendungen und sind journalistisch tätig. Troya ist Gründerin der ISPPM, Niederlande und ihr Buch "Seeking a Miracle" ist in mehrere Sprachen übersetzt worden. Zusammen sind sie Beigeordnete des Touch The Future Centrums und think tank von Kalifornien.

Troya N.G. and Jon R.G. Turner
Postbus 70055
NL-1007KB Amsterdam, Niederlande
Tel.: (0031) 20 662 8714 Anrufbeantworter
Tel., Fax (0031 228 513 630)

Anmerkung des Verlages:

In den folgenden Fallbeispielen kann die Autorin keine detaillierte Beschreibung von den im therapeutischen Prozeß angewandten Techniken geben: Denn dieser Prozeß ist ein einmaliges Geschehen und kann nur ohne jedes vorgezogene Wissen über den Inhalt der Techniken gelingen. Der Erfolg der therapeutischen Arbeit würde sonst unterbunden. Da die Whole-Self-Methode sehr tiefgehend ist, können auch nur darin geschulte Therapeuten mit ihr arbeiten.

Einführung

Einladung

Nun möchte ich Sie, liebe Leserin, lieber Leser, gerne einladen, ein wenig an meiner interessanten, spannenden und erfüllenden Arbeit mit Menschen, die in irgendeinem Lebensbereich Blockaden erleben, teilzuhaben. Es kann für viele von Ihnen eine ermutigende Erfahrung sein, durch die geschilderten Fallbeispiele mitzubekommen, daß Blockaden und Schwierigkeiten im Leben durchaus ein ungeahntes Potential an Wachstum und Entwicklung freilegen können, wenn die Betroffenen sich erst einmal auf das Leben einlassen und sich dem stellen, was ihnen in den unterschiedlichsten Formen geboten wird.
Ich selber bin so sehr von der Befreiung der einzelnen Personen angetan, insbesondere davon, was ich selber an Veränderungen in meinem Leben durch die Whole-Self-Methode erfahren habe, daß es mir ein dringendes Bedürfnis geworden ist, darüber zu berichten, damit Menschen, die bislang in Verzweiflung und Schmerz gefangen waren, wieder neue Zuversicht schöpfen können.

Alle LeserInnen, die es nicht erwarten können, selbst mit Elementen der Whole-Self-Methode zu arbeiten, können im Anhang des Buches die Lichtmeditation finden, genau wie den Handtanz bzw. die Balance. Dabei wird die Durchführung der

Lichtmeditation ausführlich erklärt und auch, wie anhand des Skriptes Der Handtanz/Die Balance Muster gelöst werden können.

Es handelt sich dabei um sehr wirksame Instrumente aus diesem ungewöhnlichen Therapiekonzept.

Ich kann es durchaus empfehlen, zuerst in den Anhang zu blättern und dann die Lichtmeditation durchzuführen.

Und parallel zum Buch den Handtanz/die Balance zu beginnen, könnte zu spannenden Erlebnissen führen.

Für alle, die zuerst über Erfahrungen lesen möchten, die andere Menschen mit der Whole-Self-Methode gemacht haben, setzte ich den praktischen Teil an den Schluß.

Nun wünsche ich Ihnen, liebe Leserinnen und Leser eine gute Unterhaltung und möglichst viele Anregungen für Ihr eigenes Fortkommen!

Der Einstieg

Eines Abends, während meiner Ausbildung in der 'Lebensschule Hamburg', erschien ein Fachmann für die Whole-Self-Methode und stellte uns staunenden Frauen einen Ausschnitt aus seiner ungewöhnlichen Arbeit vor.

Die Informationen, die er gleichzeitig gab, waren unglaublich. Wir alle wären skeptisch geblieben und hätten uns nicht so leicht dazu entschließen können, für uns selber diese Therapieform auszuwählen. Einzig die Tatsache, daß sich unsere Ausbilderin, Gertrud Schweikert, eine Frau, in deren Urteilsfähigkeit wir grenzenloses Vertrauen setzten, daß sie sich voller Lob und Begeisterung über die Therapieerfolge äußerte, ließ uns neugierig werden.
Wir hörten nun so unglaubliche Dinge wie: Es wird ca. zehn Stunden gearbeitet, meist an zwei aufeinanderfolgenden Tagen jeweils fünf Stunden.
Der Erfolg dieser Arbeit ist oft wesentlich zufriedenstellender als nach zwei Jahren Gesprächstherapie. Häufig konnten Spontanheilungen von körperlichen Beschwerden beobachtet werden. In einem Fall war eine Krebsgeschwulst nach der Arbeit nicht mehr nachweisbar.

Dann führte uns der Whole-Self-Therapeut, der durch den Begründer der Whole-Self-Methode Jon R.G. Turner ausgebil-

det wurde, in eine tiefe Meditation. In eine Meditation, in der wir jedoch den Zugang zu unserem Bewußtsein behielten.
So bekamen wir einen direkten Einblick in diese Arbeit. Persönlich durch Empfinden nachvollziehen zu können, wie die hohen Energien wirken, durch die die KlientInnen geführt werden, überzeugte viele von uns.

Ich fühlte mich durch diese Demonstration auch sehr zur Whole-Self-Methode hingezogen. Doch noch war der Entschluß, mich anzumelden, nicht gefaßt. Bei jedem weiteren Ausbildungswochenende konnte ich nun die Berichte der Kolleginnen verfolgen, die bereits das ganze Konzept dieser Arbeit absolviert hatten. Es handelte sich nicht um ihre Ausführungen, die mich schließlich überzeugten, sondern es waren die Veränderungen, die ich bei ihnen wahrnehmen konnte. Jede erreichte in ihrer persönlichen Weiterentwicklung eine neue Stufe. Ich hätte auch ohne die Information, wer denn nun bereits Therapie gemacht hatte, sofort sagen können, welche Frau inzwischen die Whole-Self-Methode durchlaufen hatte. Jede von ihnen wirkte danach sehr zentriert und hatte eine so positive, liebevolle Ausstrahlung, daß es für jedes TherapeutInnenherz eine Freude war, dem zuzusehen.

All diese Veränderungen wollte ich auch für mich erreichen. Was mich zunächst davon abhielt, war die Angst vor Veränderungen, auch wenn es um Positives ging. Ich empfand mein Leben, so wie ich es mir eingerichtet hatte, als einigermaßen sicher. Mir war bewußt, daß Veränderungen in der Persönlichkeitsentwicklung häufig auch sehr große Veränderungen der Lebensumstände nach sich ziehen. Das, was wir haben, kennen wir. Auch wenn es sehr unbefriedigend ist, ziehen wir das Alte häufig dem unbekannten Neuen vor, sogar, wenn das Neue verspricht, sich erheblich positiver zu gestalten.

Nach aufreibenden inneren Kämpfen siegte dann die Neugierde in mir, und ich nahm all meinen Mut zusammen und meldete mich zur Arbeit mit der Whole-Self-Methode an.
Das völlig neue Lebensgefühl, das mich nach der Therapie durchströmte, ließ keinen Platz mehr für Ängste oder negative Gefühle gegenüber dem Whole-Self-Konzept, sondern veranlaßte mich dazu, mich zur Whole-Self-Therapeutin ausbilden zu lassen; solche wunderbaren Erfahrungen wollte ich vielen Menschen zugänglich machen.

*

Ich erhielt meine Ausbildung zur Whole-Self-Therapeutin in den Jahren 1991 und 1992 durch den deutschen Whole-Self-Therapeuten Matthias Eller, der seinerseits ein langjähriger Schüler von Jon Richard G. Turner war.

Während der Ausbildung lauschten wir vier Frauen, die wir gemeinsam in die Geheimnisse der Whole-Self-Methode eingeweiht wurden, ehrfurchtsvoll den Ausführungen unseres Teachers über das Therapeutenehepaar Turner.
Jon Richard G. Turner und seine jetzige Frau Troya N.G. Turner hatten in den 70er Jahren diese geniale Therapieform entwickelt. Das Erstaunliche daran war, sie hatten beide, unabhängig voneinander, ja ohne sich zu kennen, in einer Entfernung von mehr als 5000 Meilen voneinander, Anfänge dieser Arbeit parallel entstehen lassen. Bis sie sich auf einem Workshop kennenlernten und dann ihre Erkenntnisse zusammentrugen und zu einem so wertvollen Konzept werden ließen.
Diese Arbeit führte sie auch privat zueinander.

Ich hätte Jon Richard und Troya gerne persönlich kennengelernt. Doch meine bescheidenen Englischkenntnisse hielten mich bislang davon ab, einen Kurs bei ihnen in Amsterdam zu belegen.

Zu Beginn meiner Praxiseröffnung kamen die KlientInnen, ohne daß ich werbungsmäßig etwas tat. Ich erwähnte drei Frauen gegenüber, ich würde bald eine Gruppe mit Symbolarbeit anbieten (ich arbeite nicht ausschließlich mit dem Whole-Self-Konzept) und wenige Wochen später kamen dann acht Frauen, die an dieser Gruppe teilnahmen, die drei interessierten Frauen hatten ohne mein Zutun noch fünf weitere motivieren können. Alle waren dann mit Leib und Seele dabei, und so blieben die Nachfragen nach einer zusätzlichen Gruppe nicht aus. Als ich immer wieder darauf angesprochen wurde, ich möchte doch eine neue Gruppe eröffnen, schrieb ich diese schließlich aus.
Während sich vorher die Anfragen gehäuft hatten, trafen nun die Anmeldungen sehr zögernd ein.
Außerdem gab es sehr wenig Interesse an meinen Einzelstunden, die ich auch noch anbot.
Die Arbeiten mit der Whole-Self-Methode stockten mangels InteressentInnen ganz.

Ich wertete die schleppende Nachfrage nach Therapiestunden in meiner Praxis als ein Zeichen für mich, welches ich aber nicht deuten konnte, und das verunsicherte mich. Ich reagierte, wie ich es immer in Situationen tat, in denen sich mir auf Anhieb keine Erklärung für meine ungelösten Fragen anbot.
Ich schickte die Bitte um Verdeutlichung meiner beruflichen Situation an mein Whole-Self.
Wie erhofft, erhielt ich bald darauf eine Antwort. Doch zunächst konnte ich sie weder als solche erkennen, noch entsprechend deuten. Das ist häufig der Fall, wenn es sich um Informationen handelt, die uns persönlich betreffen und auch recht zutreffend sind.
Diesen erbetenen Hinweis erhielt ich verschlüsselt in einem Traum. Doch erst, als ich den Traum zum wiederholten Male träumte, war mir seine Botschaft klar.
Der Traum erschien völlig identisch in zwei Nächten, die nicht direkt aufeinander folgten.

Ich träume, bei Nacht in einem Auto ohne Licht zu fahren. Mich stört das zunächst überhaupt nicht, denn ich kann trotz der Dunkelheit ausgezeichnet sehen. Nach einer Weile wird mir bewußt, daß ich die Fahrt so nicht fortsetzen darf, denn andere VerkehrsteilnehmerInnen können mich nicht erkennen.

Ich übersetzte diese Nachricht dahingehend, daß ich im Moment durch mangelnde Ausstrahlung für andere Menschen kaum wahrnehmbar war.
Mir erschien es auch als recht logisch, da ich mich total zurückgezogen hatte, um die Trennung von meinem Mann nach siebzehnjähriger Ehe zu verarbeiten. Und ich wollte nicht gleich wieder auf Menschen treffen, mit denen ich auch noch am zwischenmenschlichen Prozeß zu arbeiten haben würde. Privat isoliert zu sein, erschien mir akzeptabel, doch beruflich konnte ich dem nicht zustimmen.
Aufgrund der beiden Träume entschied ich mich nun bewußt dafür, mein Schneckendasein aufzugeben, um wieder aktiv am Leben teilzuhaben, und ich beabsichtigte, eventuell auftretende Schwierigkeiten aktiv zu bearbeiten, anstatt durch Vermeidungsstrategien weitreichende Blockaden zu setzen.
Damit das auch potentielle KlientInnen mitbekommen konnten, machte ich täglich Visualisierungsübungen, die zum Ziel hatten, mich wieder sichtbar werden zu lassen.
Eine Woche lang tat sich nichts. Doch dann klingelte morgens das Telefon und Jon Richard G. Turner war persönlich am Apparat. Er bat mich, für ihn und seine Frau Troya in Münster einen Whole-Self-Workshop zu organisieren.

Ich freute mich riesig darauf, Jon Richard und Troya kennenzulernen und bei der Arbeit zu erleben, den Gründer und die Gründerin der Whole-Self-Methode. Und das in Deutschland, wo ich ÜbersetzerInnen engagieren konnte, weil viele der TeilnehmerInnen das Englische auch nicht perfekt beherrschten.

Eigentlich überforderte mich diese Organisationsarbeit reichlich, insbesondere die notwendige Werbung. Ich fühlte mich in meiner neuen Situation als alleinerziehende Mutter von drei Töchtern und mit dem Aufbau meiner Praxis, auch wenn dort momentan nicht so sehr viel zu tun war, durchaus ausgelastet.
Mir war voll bewußt, wieviel Arbeit es mit sich bringt, so ein Wochenendseminar auf die Beine zu stellen, zumal ich meine Widerstände deutlich spürte. Und aus Erfahrung hatte ich gelernt, daß es mich sehr viel mehr Energie kostet, wenn ich etwas erreichen will, wogegen ich Widerstände habe, als führte ich die gleiche Arbeit ohne solch hemmende Blockaden durch. Bei allem Für und Wider hatte ich nicht einen Bruchteil einer Sekunde gezögert, Jon Richard zuzusagen, da mir sofort bei seinem Anruf klar war, daß ich die Situation durch meine täglichen Übungen angezogen hatte.

Durch Jon Richards Anruf wurde mir erneut ein Beispiel für die Wirksamkeit der Arbeit mit der Whole-Self-Ebene geliefert. All die Bilder, die ich visualisiert hatte, mit dem Ziel, von anderen Menschen „gesehen" zu werden, was für mich gleichbedeutend ist mit wahrgenommen zu werden, führten nach meiner Überzeugung dazu, daß Jon Richard und Troya Turner mich kontakteten.
Wie schon häufig, so hatte ich auch diesmal wieder eine Situation angezogen, indem ich durch das Visualisieren eines präzisen, symbolhaften Bildes das signalisiert hatte, was ich zu erreichen hoffte, wobei ich das Bild mit einem entsprechenden Gefühl belegt hatte, um auch tatsächlich recht bald eine erfolgreiche Änderung zu erzielen.
Inzwischen arbeite ich nicht mehr so. Ich mache mir in Situationen, in denen der Fluß der Dinge behindert wird, ganz bewußt, daß ein offenes Herz erforderlich ist. Dann frage ich mich, wodurch dieses behindert wurde. Diese Frage führt mich zu den entsprechenden Emotionen, und deren Verhaftung löse ich dann.

Danach fällt mir das Öffnen des Herzzentrums nicht mehr schwer, und damit ist das Fließen aller Energien wieder möglich. Blockaden, gleich in welchen Lebensbereichen, sind dann beseitigt. Auch wenn es sich um einen Sektor handelt, den wir nicht im entferntesten mit Herzensenergie in Verbindung bringen.

Die Vorbereitung dieses Whole-Self-Workshops wurde durch meine fehlende Routine für derartige Organisationsarbeiten erschwert. Ich hatte noch nie zuvor eine solche Veranstaltung ausrichten müssen.

Als das mit Spannung erwartete Eintreffen der Turners Realität wurde, übertrafen die beiden meine hohen Erwartungen, die ich an das Therapeutenpaar gestellt hatte.
Jon Richard und Troya arbeiteten in zwei parallel laufenden Gruppen.
Ich nahm an der Gruppe bei Jon Richard teil, weil mein von mir getrennt lebender Mann sich für Troyas Arbeit entschieden hatte. Ich fühlte mich als Organisatorin moralisch verpflichtet, ihm, dem Teilnehmer, die Wahl der Entscheidung zu lassen.

So lernte ich die therapeutischen Fähigkeiten von Jon Richard kennen.
Sehr bald forderte sein herausragendes berufliches Können mir den höchsten Respekt ab.
Meine Bewunderung galt nicht nur der Qualität seiner therapeutischen Fähigkeiten, sondern auch seiner unverhohlenen Menschlichkeit.
Ich erlebte ihn und seine Frau Troya als liebenswerte Persönlichkeiten, Menschen mit Format und Gefühl.
Je mehr TherapeutInnen-Kollegen ich nun kennenlernte mit all ihren menschlichen Schwächen, um so mehr schätze und bewundere ich Jon Richard und Troya.

Im Anschluß an das Whole-Self-Wochenendseminar bat ich Jon Richard, mir bei der Lösung eines sehr alten Problems behilflich zu sein.
Und so arbeiteten wir am Tag darauf in zwei Einzelstunden an einer Blockade, die ich im Alter von fast zwei Jahren aufgebaut hatte.

Aufgrund dieser Blockade wollte ich damals als Kleinkind diesen gastlichen Planeten verlassen. In der Therapie erkannte ich, daß nur eine Belehrung, die ich damals während einer schweren Krankheit erhalten hatte, mich dazu veranlaßte, mein Leben fortzusetzen.
Mein Großvater hatte Kontakt zu mir aufgenommen, sich mit dem Bewußtsein des kleinen Mädchens so unterhalten, als habe er eine Erwachsene vor sich, und mich an mein Konzept erinnert, was ich mir für dieses Leben vorgenommen hatte. Es war nicht die Medizin gewesen, die im Krankheitsverlauf die Wende gebracht hatte, sondern die Erinnerung an die Gründe für mein Inkarnieren.

Meine Lebensaufgabe wollte von mir erfüllt sein, und ich hatte eine Chance erhalten, hier auf diesem Planeten leben und lernen zu dürfen. Die durfte ich nicht einfach wegwerfen.

Diese Arbeit mit der Whole-Self-Methode speziell zu diesem Thema half mir dabei, viele Lebensängste loszulassen und unterstrich meine bisherige Auffassung von der Wichtigkeit von Bewußtseinsarbeit mit Kranken, vor allem im Kindesalter.

Mit aller Deutlichkeit hatte ich die damalige Situation im Krankenhaus wieder präsent. Noch einmal erfuhr ich die ganze Krankengeschichte.
Ich hatte Einblick in die Qualen des Kindes bei jeder Berührung, da die Haut durch eine Allergie schwer in Mitleidenschaft gezogen war. Interessanterweise empfand das kleine

Mädchen Schmerzen, obwohl es nicht bei Bewußtsein war. Wissend, daß all die Bemühungen der Ärzte und Krankenschwestern nutzlos sein würden, denn dieses Kind hatte sich entschieden zu gehen. Darauf folgte dann durch die Belehrung die Bereitschaft, dieses Leben fortzusetzen, und die Erkenntnis, erst dann gehen zu können, wenn alle Lebensaufgaben erfüllt sind. Dieses fortan mit einem durch Krankheit und Medikamente sehr belasteten Organismus durchzustehen, erleichterte die Situation nicht gerade.

Doch durch die Erinnerung daran, wie lange ein Menschenleben zu dauern hat, zu der mir mein Opa damals verholfen hatte, was mir durch die Whole-Self-Methode mit Jon Richard nun bewußt wurde, konnte ich alle seither erfahrenen Prüfungen, vor die das Leben mich stellte, viel besser annehmen. Heute würde es mir nicht mehr im Traum einfallen, meine Probleme so stark zu somatisieren, daß mein Körper dadurch derartig zu Schaden käme. Sobald ein Krankheitszeichen auftaucht, suche ich umgehend nach möglichen psychischen Ursachen. Und diese dann zu bearbeiten, führt zu wesentlich größerem körperlichen und seelischem Wohlbehagen.

Whole-Self-Führungen

Die Whole-Self-Methode umfaßt verschiedene im folgenden aufgelistete Einzelführungen.

Die Lichtmeditation

Die Lichtmeditation, die jeder Arbeit in der Whole-Self-Methode vorangestellt wird, führt in den Alpha-Zustand, d.h. regt das Gehirn an, eine solche Art von Hirnwellen zu produzieren, nämlich Alpha-Wellen, wie es auch im Traum geschieht. Damit ist der Zugang zu unserem Whole-Self hergestellt, wobei der bewußte Verstand jeweils noch in Aktion bleibt, damit alle Sinneseindrücke registriert werden können und die betreffenden Personen jederzeit voll handlungsfähig sind, im Unterschied zu Hypnosezuständen.

Wir beginnen die Sitzung entweder mit dem Releasing, oder mit der Vorgeburtsarbeit (**P**rebirth **A**wakening **M**atrix).

Das Releasing

Das Releasing beinhaltet ein Loslassen aller irgendwie belastenden oder traumatischen Zellerinnerungen im ganzen Körper.

Da Körper, Geist und Seele (um mit dem 3-Körper-Modell zu sprechen) nicht voneinander getrennte, einzeln funktionieren-

de Einheiten bilden, sondern sich alle Begebenheiten auf allen den Menschen zur Verfügung stehenden Ebenen, auswirken, ist es in der Whole-Self-Methode obligatorisch, Erinnerungen an Traumata auch auf allen Ebenen, einschließlich der Zellebene, also im Körper, loszulassen.
Beim dem Whole-Self-Konzept Releasing werden die Erinnerungen, die in einzelnen Körperregionen oder Organen gespeichert sind, erst bewußtgemacht. Dabei ist es nicht immer möglich, die Ursache, die zur Speicherung geführt hat, zu erfassen. Diese Zellerinnerungen werden dann mit Hilfe des Releasings, wie der Name schon sagt, losgelassen und in positive Lebensenergien umgewandelt, welche von den KlientInnen dann, auf diese Weise transformiert, wieder aufgenommen werden.

Die Vorgeburtsarbeit = PAM (Prebirth Awakening Matrix)
In der Vorgeburtsarbeit (PAM) befassen wir uns mit den frühesten Mustern, die in diesem Leben aufgetaucht sind.
Die KlientInnen werden behutsam durch bestimmte, besonders prägende Stationen der neun Monate während der Schwangerschaft geführt und erhalten dabei Informationen z.T. durch Bilder und Gefühle, anhand derer sie ihre heutigen Probleme und Blockaden bis in diese Zeit zurückverfolgen können. Sie erkennen, es handelt sich um alte Muster, die sie ständig wiederholen. Meistens lebten die Eltern diese Muster bereits, und es kann sehr befreiend sein, zu sehen, daß die heutigen Schwierigkeiten nicht auf persönliche Unfähigkeit oder gar Schuld zurückzuführen sind, sondern aus einem Widerstand gegen die so hervorgerufenen Gefühle ständig neu kreiert werden.
Wir übernehmen diese Muster wie ein Erbe, das wir antreten, haben uns aber nie bewußtgemacht, woher sie kommen und wodurch sie so beharrlich bei uns verbleiben.
Sobald wir Klarheit darüber gewonnen haben, sind wir eher in der Lage, den Widerstand aufzugeben, und somit werden Probleme leichter gelöst.

Das klingt alles sehr simpel. Doch die einfachsten Lösungsmöglichkeiten sind aller Erfahrung nach die wirksamsten.

Vergangenes Leben = Past-Life

Nach dem Releasing oder der Vorgeburtsarbeit (PAM) (womit wir uns nun nicht mehr näher befassen wollen), ist klar, an welchen Mustern / Blockaden / Traumatas / Selbstbeurteilungen die KlientInnen arbeiten müssen. Bietet das Leben des/der KlientIn keinen Ansatz dafür, das wichtigste Muster klar zu erfassen, auch wenn dieses Leben bis in die früheste Phase zurückverfolgt wird, dann entschließen wir uns, mit Past-Lifes (= vergangenes Leben) zu arbeiten.

Dazu ist es nicht notwendig, daß der/die KlientIn an Reinkarnation oder Wiedergeburt glaubt. In der Praxis stoße ich immer wieder auf eine große Verblüffung, wenn ich versuche, skeptischen KlientInnen die Sicherheit zu vermitteln, daß wir auch ohne ihren Glauben an ein Vorleben mit dieser Whole-Self-Führung arbeiten können. Informationen aus einem Past-Life auszuwerten, ist in jedem Falle möglich, dabei ist die Geschichte, die sich uns präsentiert, nicht wichtig. Es kommt lediglich auf die dabei entstandenen Gefühle an, damit wir etwas über bestimmte Strukturen erfahren können.

Doch glücklicherweise bestehen mögliche Bedenken lediglich vor der Arbeit. All die Menschen, die sich dann dem Past-Life öffnen, können vorbehaltlos die Gültigkeit dieser Arbeit annehmen. Was nicht zwangsläufig bedeutet, daß sie anschließend davon überzeugt sind, es selbst irgendwann einmal erlebt zu haben, was ihnen als vergangenes Leben in der Therapie begegnet.

Meines Erachtens ist die Intensität der Gefühle während der Arbeit dafür verantwortlich, ob jemand anschließend für sich diese Bilder und Informationen als „echtes“ Past-Life annimmt oder ähnlich wie bei Träumen als archetypische Bilder des Unbewußten wertet. All das wird bei den einzelnen Ausführungen noch deutlicher werden.

Trauerarbeit
Die meisten Erwachsenen haben mit dem Tod eines lieben Menschen große Schwierigkeiten.
Diese Arbeit ist insbesondere nach Fehlgeburten und Abtreibungen erforderlich und sinnvoll, da auch Ungeborene über ein Bewußtsein verfügen, mit dem wir in Kontakt treten können.
Häufiger als bekannt fühlen sich Angehörige für den Tod eines Familienmitgliedes verantwortlich. Auch wenn diese Verantwortung nicht immer bewußt übernommen wird, entstehen dann doch Blockaden durch Schuldgefühle. Diese Blockaden sind dann, wenn sie ihre Wirkung im Verborgenen tun, nicht immer einfach ihrer Ursache zuzuordnen.
Auch lediglich unverarbeitete Trauererlebnisse ohne Kombination mit Schuldgefühlen können Menschen schwer zu schaffen machen.
Mit dieser Whole-Self-Führung, Trauerarbeit, werden die genauen Umstände und die wahren Gründe für das Ableben eines anderen Menschen aufgedeckt, und Beteiligte können es dann eher verarbeiten, diesen Menschen verloren zu haben; außerdem kann es sehr tröstlich sein, das Bewußtsein eines lieben Verstorbenen kontakten zu können.
Im Anschluß an so eine Arbeit gibt es keine Idee von Schuld mehr.

Todeserfahrung
Dieses Whole-Self-Element kommt äußerst selten in Einzelsitzungen zur Anwendung.
Ich habe lediglich mit Menschen, die selber therapeutisch tätig sind, diese Arbeit, Todeserfahrung, durchgeführt.
Die Whole-Self-Gruppen schließen häufig mit dieser Führung ab.
Da es Zeit in dem Sinne, wie wir sie erleben, nicht gibt - d.h., nicht alle unsere Körper (wir arbeiten hier mit einem *Vier-Körper-Modell = physischer Körper, Emotionalkörper, Mentalkör-*

per und spiritueller Körper, was noch erläutert wird) sind an den Faktor Zeit gebunden - können wir durch die Whole-Self-Methode auch Dinge anschauen, die in der Zukunft liegen.
Wir können demnach auch erfahren, auf welche Weise unser Tod erfolgen wird, wenn sich ab jetzt nichts mehr ändert.
Das ist in solchen Fällen sehr sinnvoll, wenn Menschen panische Angst vor dem Sterben haben. Manchmal erleben die KlientInnen dann während dieser Arbeit, daß sie auf sehr dramatische Art und Weise diesen Planeten zu verlassen gedenken. Dann ist es notwendig zu erfassen, was die Betroffenen durch die so beschaffene oder geschaffene Situation lernen wollen. Sicherlich werden sie dieselbe Lernerfahrung auch auf weniger schmerzhafte Art machen können. So wird es möglich sein, eine sanftere Art des Sterbens zu erleben.
Wobei der bedeutendste Nutzen dieser Führung darin liegt, durch das Auflösen der Angstblockaden eine wesentlich kraftvollere Art des Lebens zu erfahren.

Abschluß und Integration

All die Erlebnisse in der Sitzung müssen abgeschlossen werden, damit die KlientInnen auf allen Ebenen, in den unterschiedlichen Körpern, die Information erhalten, daß die angeschauten Begebenheiten, verknüpft mit den unterschiedlichsten Empfindungen, auch wirklich vorbei und beendet sind. Andernfalls könnten psychische Beeinträchtigungen erfolgen.
Des weiteren benötigen die Menschen auf allen ihren Ebenen die Information, daß die neuen Erkenntnisse bzw. Erfahrungen integriert werden sollen.

Der Handtanz

Alle KlientInnen bekommen für mindestens 21 Tage ein Programm mit auf den Weg, was ihnen ermöglicht, auf allen ihnen zur Verfügung stehenden Ebenen die neuen Muster auch dauerhaft zu installieren. Im Übungsteil am Schluß des Buches befindet sich eine exakte Beschreibung dieser Technik, so daß alle interessierten LeserInnen dieses hochwirksame Instrument bei Bedarf auch für sich nutzen können.

Verträge

Damit die für das zukünftige Leben angenommenen neuen Muster die betroffenen KlientInnen nicht allzu sehr verunsichern, können sie sich mit neuen Verträgen, die sie als akzeptierte Bedingungen für den Umgang mit ihren Mitmenschen an ihr Unterbewußtsein signalisieren, einen Rahmen schaffen, in dem sie sich sicher fühlen.
Ich weiß, das klingt reichlich abstrakt.
In der Whole-Self-Methode gehen wir davon aus, daß alles, was uns begegnet, von einem uns nicht bewußten Bereich in uns selbst hervorgerufen, bzw. angezogen wurde. Verfolgen wir diese Aussage konsequent, müßte es uns also auch möglich sein, das, was uns begegnet, zu ändern.
Sicherlich ist es möglich, persönliche Veränderungen unter allen denkbaren Bedingungen durchzusetzen, wenn wir sie einmal beschlossen haben. Nur verfügen nicht alle Menschen über die Kraft, eine für sie positive Veränderung auch wirklich beizubehalten, wenn die Umgebung dagegen rebelliert. Verhalten sich jedoch unsere Mitmenschen bei unseren Veränderungen derart, daß wir nicht in einen allzu großen emotionalen Streß geraten, fällt es uns leichter, den neuen Weg zu gehen.
Für die erste Zeit nach der Arbeit ist es sicher hilfreich, den Bereich genau abzustecken, den wir auch überschauen und aushalten können.
Sind Menschen auf dem Weg der Entwicklung sehr weit fortgeschritten, bedarf es keiner Verträge mehr. Diese Leute können alle Reaktionen ihrer Mitmenschen verstehen und verarbeiten. Sie sehen den Hintergrund ihres Gegenübers und besitzen die Fähigkeit, sich einfach nicht mehr mit all den Emotionen und Gefühlen, die da eine Rolle spielen, zu identifizieren. Damit fühlen sie sich dann z.B. auch nicht mehr persönlich angegriffen, wenn ihre Mitmenschen aggressiv ihnen gegenüber auftreten.

Und damit gelangen wir zu den größten Segnungen der Whole-Self-Methode.
Diese therapeutische Methode ermöglicht es Menschen, sich nicht mehr zu identifizieren.
Was heißt das?
Sich zu identifizieren bedeutet, Glaubensformen darüber zu haben, wer oder was wir sind.
Solange ich glaube, die vielgeplagte Mutter und die anerkannte Begleiterin meines Klientels zu sein, identifiziere ich mich mit meiner Persönlichkeit.
Empfinde ich Zorn, und identifiziere ich mich mit dieser Emotion, dann kann ich nicht erkennen, daß ich nicht dieser Zorn bin. Der Zorn ist lediglich eine Emotion, die auch noch dazu aus dem Grunde erscheint, damit ich irgendein Gefühl nicht fühlen muß.

Identifikationen gehören zur Realität, die Whole-Self-Methode hat zum Ziel, Realität in Wahrheit zu überführen.
Wahrheit existiert für mich dann, wenn alle meine Ebenen, die körperliche, die emotionale, die mentale und die spirituelle Ebene, dieselbe Information erhalten.

Noch einmal: Bei jeglicher Identifizierung meinerseits befinde ich mich in einer meiner Realitäten.
Realität ist das, was ich über ein Geschehen glaube. Das hat aber nichts mit Wahrheit zu tun.
Ob ich nun glaube, die Erde sei eine Scheibe, oder ob ich glaube, ich sei ein Opfer, all das ist abhängig von bestimmten Realitäten.
Glaube ich, die Erde sei eine Scheibe, schränkt mich dieser Glaubenssatz möglicherweise in meinem Bewegungsradius ein.
Glaube ich, ich sei ein Opfer, so erkenne ich nicht meine Verantwortlichkeit für diese Situation, und ich kann nichts daran ändern, denn in diesem Fall hat jemand anders die Macht,

mich zum Opfer zu machen. Ich fühle mich dieser Realität vollkommen ausgeliefert.
Realitäten verbauen uns den Weg zu unserer wahren Essenz, dem Sein.

Mit der Whole-Self-Methode können wir sehr gut lernen, uns nicht mehr zu identifizieren. Dadurch vermeiden wir die Verstrickung in Realitäten und kommen unserem Sein näher.

Vielleicht könnte nun die Frage auftauchen, ob mit der Whole-Self-Methode, insbesondere durch die Verträge, den Möglichkeiten der Manipulation unserer Mitmenschen nicht Tür und Tor geöffnet werde.
Dem ist nicht so. Wenn jemand durch die Whole-Self-Methode einmal erfahren hat, wie sich Eingriffe in das Leben anderer auf die eigene Problematik auswirken, verzichtet er/sie unter allen Umständen auf derartige Manipulationen.
Während dieser Arbeit fühlen die KlientInnen sehr deutlich, daß es kein isoliertes Handeln gibt. Wenn ich irgend etwas aussende, werde ich es auch selbst wieder empfangen. Es ist nicht möglich, Täter zu sein, ohne auch die Opferseite erfahren zu müssen. Wenn ich selber eine Seite nicht mag, muß ich zwangsläufig auch die andere Seite vermeiden.

Im folgenden gehe ich nicht mehr genauer auf diese verschiedenen Einzelführungen der Whole-Self-Methode ein. Es könnte für diejenigen, die sich noch dafür entscheiden, selbst auch so zu arbeiten, d.h. sich zur Therapie anmelden, sehr von Nachteil sein, schon vorher mit zu vielen Details konfrontiert zu werden. Ich möchte die einzelnen Elemente lediglich der Übersicht halber noch einmal kurz auflisten.

- **Lichtmeditation**, um in die Arbeit einzuführen.
- **Releasing** zum Loslassen aller belasteten und belastenden Zellerinnerungen.
- **Vorgeburtsarbeit** = **P**rebirth **A**wakening **M**atrix **PAM**) zum Erkennen der frühesten Muster in diesem Leben.
- **Past-Life** zum Erkennen von Mustern und ihren Wirkungsweisen.
- **Trauerarbeit** zur Verarbeitung aller traumatischen Erlebnisse mit dem Tod eines nahestehenden Menschen, oder zur Aufarbeitung der Gefühle nach Fehlgeburten und Abtreibungen.
- **Todeserfahrung**, um zu erkennen, auf welche Weise ich bisher programmiert habe zu sterben, damit ich es gegebenenfalls ändern kann.
- **Abschluß und Integration** zur Beendigung der Arbeit und zum Integrieren der Ergebnisse der Whole-Self Methode.
- **Handtanz** um alte Selbstbeurteilungen auszubalancieren.
- **Verträge** zur Schaffung eines sicheren Rahmens für das Leben mit neuen Verhaltensweisen.

Whole-Self

Erfahrung • Erkenntnis • Wandlung

*

Neue KlientInnen haben die größte Sorge, möglicherweise keine Informationen von ihrem Whole-Self zu erhalten.
Das Whole-Self ist der Teil eines Menschen, der alles weiß, was dieser Mensch je erfahren hat. Übersetzt bedeutet Whole-Self: ganzes Selbst mit allen Anteilen, einschließlich der vier Ebenen eines Menschen, der physischen, emotionalen, mentalen und der spirituellen Ebene.

Die physische Ebene ist unser Körper mit all seinen Zellen.

Die emotionale Ebene speichert den Zusammenhang von Emotionen/Gefühlen in Verbindung mit Situationen, wobei uns diese Zusammenhänge nicht bewußt werden.
Beispiel: Linda liegt lässig entspannt voller Wohlbehagen auf der Couch. Plötzlich stürzt ihr Kind bei einer Kletterpartie in der Küche und verletzt sich schwer. Linda bekommt einen riesigen Schrecken und beurteilt sich als schuldig, da sie es sich so bequem gemacht hatte, während ihr Kind in Lebensgefahr geriet. Sie wird dieses Ereignis so in ihrem Emotionalkörper abspeichern, daß, wenn sie sich entspannt und wohlfühlt, sie das immer mit dem Schrecken und der Idee von Schuld in Zusammenhang bringen wird.
Wir bezeichnen unbewußte Gefühle und nichtbewußte Gedan-

ken als Emotionen, die, wenn auch nicht bewußt, so doch bewertet werden, nach den Kriterien angenehm/unangenehm, mag ich/mag ich nicht.
Der direkte Anschluß zu dem Emotionalkörper erfolgt über den Solarplexus.
Das heißt, ich spüre z.B. eine Emotion, die mir nicht gefällt, daraufhin empfinde ich einen Druck in der Magengegend, denn ungefähr dort befindet sich der Solarplexus, und der wird geschlossen, sobald ich etwas spüre, das ich in der Vergangenheit mit Schmerz in Zusammenhang gebracht habe.

Die mentale Ebene hängt mit unserem Bewußtsein zusammen. Hier spielt sich die bewußte Wahrnehmung der Gefühle, Beurteilungen und Gedanken ab. Wir kennen diese Ebene auch als Denkkörper. Jedoch dafür wäre es eigentlich notwendig, den Begriff "Denken“ zu definieren.

Die spirituelle Ebene ist der vierte Körper in unserem Modell, welcher weder der Orts- noch der Zeitgebundenheit unterliegt. Dieser Körper entspricht dem Bereich, der zu einer nicht personengebundenen Ebene führt. Der spirituelle Körper ist quasi die Brücke zu dieser Ebene, welche die Themen für unser Leben vorgibt, und worüber wir mit Gott, allen anderen Menschen und allem anderen verbunden sind. Doch da wir den Zugang zu dieser Ebene häufig nicht wahrnehmen, können wir uns unsere Verbundenheit auch nicht vorstellen. Hier gelangen wir in philosophische Bereiche, die unmöglich mit zwei Sätzen abzuhandeln sind.
Diese vier Ebenen bilden zusammen mit der nicht personengebundenen Ebene das Whole-Self, was alle für die Arbeit mit der Whole-Self-Methode relevanten Informationen bereit hält, wobei das Whole-Self genau soviel an Informationen freigibt, wie es der Mensch zu der Zeit auch verkraften kann.

In meiner Praxis habe ich es in einem einzigen Fall erlebt, nicht mit einem Klienten arbeiten zu können, weil keine Informationen durchkamen; dieser Mann hatte seine persönliche Entwicklung mit einem totalen Tabu belegt und war nicht bereit, sich seinen Ängsten zu stellen.
Ansonsten ist es für diejenigen, die irgendeine Entspannungstechnik beherrschen, kein Problem, all das wahrzunehmen, was für diese Arbeit notwendig ist.
Ich kann mich noch gut daran erinnern, daß ich die gleichen Bedenken vor der Arbeit hatte. Die Aufregung, werde ich wirklich einen Zugang zu meinem Whole-Self herstellen können? Und was ist, wenn ich die einzige sein sollte, die nicht dazu fähig ist? Mein guter Ruf in der Fachwelt wäre dahin. Die Zuversicht des Psychologen ließ mich kaum ruhiger werden.

Wir begannen mit dem Releasing. Präzise Informationen, die ich zum Teil nicht mehr bewußt erinnern konnte, wie z.B. eine Narbe am großen Zeh, überzeugten mich, daß meine Sorge, ich könne nicht so arbeiten, vergebens gewesen war. Ich vergaß alles um mich herum und stellte mich den Bildern, den Gefühlen und dem Wissen, was mein Whole-Self mir nun vermittelte, was ich an Einzelheiten jetzt erfahren sollte. Es war so spannend, nach kurzer Arbeitszeit hatte ich vergessen, überhaupt irgendwelchen Zweifeln erlegen gewesen zu sein.
Das ging über einen langen Zeitraum so, bis plötzlich der Therapeut bei einem bestimmten Thema sagte: „Dazu machen wir ein Past-Life!“ Zack, ich war schlagartig unsanft wieder auf die Erde geholt worden. Ich würde doch bestimmt keine Einblicke in ein vergangenes Leben von mir erhalten. Dazu war mein Verstand doch noch viel zu aktiv. Ich konnte mir vorstellen, auch solche Informationen zu bekommen, aber dann müßte ich zumindest in einem Trancezustand sein, wenn nicht gar hypnotisiert, was aber nun keineswegs vorlag. Ich konnte auf meinen Intellekt noch immer gut zählen. Zwischendurch machte es mir große Freude, dem Therapeuten zu zeigen, daß

dieser Teil von mir noch recht intakt war. Gerade bei so intellektuell ausgerichteten Männern wie ihm bereitete es mir stets Genugtuung zu zeigen, daß meine Logik mit deren durchaus mithalten konnte. Auch wenn mir sehr bewußt war, daß bei dieser Therapieform Exkursionen in die Verstandesebene den Therapieerfolg eher schmälern.
Zu ausschweifenden Ängsten blieb mir keine Zeit. Ehe ich mich versah, befand ich mich im späten Mittelalter und sah mich und meine Umgebung mit der entsprechenden Ausstattung. Trotz aller Widerstände, Ängste und Zweifel erfuhr ich nun eine Situation, die mir in diesem heutigen Leben die größten Blockaden erklärbar machte. Damit waren diese Blockaden noch nicht aufgelöst. Doch nun, da ich glaubte, eine Ursache dafür gefunden zu haben, gab ich den Widerstand gegen diese Blockaden auf.

In der Whole-Self-Methode sprechen wir von drei Whole-Self-Gesetzen. Das erste ist das Gesetz des Widerstandes und heißt:

„Wogegen ich Widerstand habe, das muß ich erfahren."

Ich hatte eine gute Portion Widerstand gegen die Blockaden, die mir nun deutlich geworden waren. Also habe ich sie erfahren müssen. Immer wieder. Durch das Aufgeben des Widerstandes hatte ich den ersten Schritt zur Lösung des Problems getan.
In der Vergangenheit hatte ich mich auch immer in Situationen negativ beurteilt, die mit diesen Blockaden in Zusammenhang standen. Damit trat das zweite Whole-Self-Gesetz inkraft, das Gesetz der Bestätigung:

„Was immer ich über mich glaube, werde ich mir bestätigen."

Diese Eigenbeurteilungen waren jetzt nicht mehr nötig, da ich ja nun davon ausging, daß die Ursachen für diese Blockaden

etwas mit einer Frau zu tun hat, die im späten Mittelalter lebte, für die ich so ganz nun doch nicht die Verantwortung übernehmen wollte.
Also greift für die Zukunft auch das dritte Whole-Self-Gesetz nicht mehr, das Gesetz der Wiederholung oder das Gesetz des Karma, das da heißt:

„Versuch es noch einmal."

Das dritte Gesetz wird durch die Eigenbeurteilung ausgelöst, also zieht das zweite Whole-Self-Gesetz das dritte nach sich, nämlich die Wiederholung. So lange, bis ich mich bei gleichartigen Situationen, gekoppelt mit gleichen Gefühlen, nicht mehr beurteile.
Dazu noch mehr im weiteren Verlauf, die Whole-Self-Gesetze lassen sich am besten anhand von konkreten Beispielen erklären.

Nun zurück zu unserem Past-Life. All diese Informationen wollten registriert und verarbeitet sein.
Die Gefühle der Frau nachempfinden zu können, die vor so langer Zeit gelebt hatte, die Verknüpfung mit meinem heutigen Leben, gleiche Eigenbeurteilungen, ähnliche Situationen, die ich stets zu vermeiden suchte und damit magisch anzog, und das Erkennen, wodurch so viele meiner Lebensenergien blockiert waren, all das berührte mich ganz tief in meinem Innersten. Diese zahlreichen und tiefgreifenden Eindrücke ließen keinen Raum mehr dafür, mich darüber zu wundern, daß ich diese Informationen überhaupt auf diese Weise erhalten hatte.

Exakt dieselben Erfahrungen konnte ich immer wieder beobachten, wenn ich mit KlientInnen arbeitete. Sie können sich auch in den allermeisten Fällen zuerst nicht vorstellen, daß ein Past-Life lediglich eine gewisse Entspanntheit erfordert und die Bereitschaft, sich der eigenen Problematik zu stellen.

In der Tat läßt die Whole-Self-Methode außergewöhnliche Therapieerfolge zu. Die bereits aufgelisteten einzelnen Elemente werden während einer Sitzung miteinander verknüpft. Die Komplexität dieses transpersonalen Konzeptes ist sicherlich mitentscheidend für die bewundernswerten Ergebnisse. Doch ich werde mich hier ausschließlich der Darstellung und Auswertung von Past-Lifes widmen, da diese so vielschichtig sind und in ihrer Bedeutung ganz erstaunliche Rückschlüsse auf das jetzige Leben zulassen, außerdem greife ich mit diesen Ausführungen nicht einer Therapie voraus, was bei den anderen Teilbereichen der Arbeit durchaus unvermeidlich wäre.

Mit großem Bedauern mußte ich darauf verzichten, Beispiele aus der PAM aufzuzeichnen.
Diese wunderbare Whole-Self-Führung ermöglicht das Freiwerden so vieler vorher blockierter Lebensenergien, daß ich Sie, liebe LeserInnen, gerne daran hätte teilnehmen lassen.
Doch leider kam mir keine Möglichkeit in den Sinn, wie ich diese Arbeit in der Vorgeburtsphase hätte beschreiben können, ohne jemandem die Möglichkeit zu nehmen, diese Whole-Self-Führungen einmal selbst zu erfahren.

*

Ein junger Mann namens Johannes meldete sich zu einer Therapiesitzung an, weil es ein ganz bestimmtes Problem gab, das ihm auf der Seele lag.
Für mich eine ganz besonders schwierige Konstellation, da ich privat auch mit ihm befreundet bin. Im allgemeinen versuche ich zu vermeiden, mit Freunden zu arbeiten, doch in diesem Fall schien mir schnelle Hilfe unumgänglich zu sein, er war völlig mit den Nerven fertig.

Johannes schlief in keiner Nacht mehr als zwei Stunden, seine Leistungsfähigkeit tagsüber ließ zu wünschen übrig, und er konnte sich nicht mehr konzentrieren. Eine sehr belastende Situation, zumal er kurz vor seinem Abitur stand. Zu der Zeit gab es in Deutschland außer mir nur noch meinen Ausbilder, wir waren die einzigen, die mit dem Konzept der Whole-Self-Methode arbeiteten. Ich hätte meinen jungen Freund gerne an meinen Ausbilder verwiesen, doch Johannes erhoffte sich von mir als Frau mehr Verständnis und Einfühlsamkeit als von einem Mann. Außerdem konnte er sich nicht vorstellen, noch einige Tage auf die Lösung seines Problems zu warten, seine Kräfte reichten kaum noch dazu aus, mich aufzusuchen. Also erklärte ich mich dazu bereit, mit ihm zu arbeiten.

Johannes lebte alleine mit seiner Mutter. Er hatte keine Geschwister. Die Ehe seiner Eltern war vor Jahren auseinandergegangen. Zu seinem Vater bestand kein Kontakt mehr. Johannes' Mutter ist eine erfolgreiche Chefärztin, die häufig zu Kongressen und Fortbildungen fährt. Sie liebt es auch, in ihrem Urlaub ferne Länder zu bereisen. Als Johannes mich aufsuchte, weilte sie auf einer Bildungsreise in Ägypten.
Jedesmal, wenn seine Mutter nicht zu Hause war, litt Johannes furchtbar. Sein schlechtes Befinden stand in einem direktem Zusammenhang mit der Abwesenheit seiner Mutter. Das war um so erstaunlicher, als es sich bei ihm um einen ganz normalen neunzehnjährigen jungen Mann handelte, der zwar ein sehr liebevolles, jedoch kein emotional abhängiges oder ödipales Verhältnis zu seiner Mutter zu haben schien. Ich bildete mir ein, daß mir als Fachfrau derartige Besonderheiten nicht verborgen geblieben wären. Zunächst hatte auch ich keine Erklärung für seine Schwierigkeiten. Mir waren in der Vergangenheit seine Streßreaktionen wohl aufgefallen, wenn das Gespräch auf die Reisen seiner Mutter kam, ich hätte mir jedoch nicht vorstellen können, daß darin ein Problem so großen Ausmaßes liegen könnte.

Um der Ursache für die Gefühle, die Johannes empfand, wenn seine Mutter nicht daheim war, auf den Grund zu gehen, führte ich Johannes in ein Past-Life.

Und gleich darauf findet er sich im irischen Ort Galway wieder.
Er lebt dort als Frau.
Johannes beschreibt sehr detailliert die Ausstattung des bescheidenen Hauses. Dieses einfache Heim ist eher ärmlich zu nennen, so eingerichtet, daß nur sehr verwohnte, schlichte Holzmöbel in den Räumen stehen. Und auch davon nur das Notwendigste. Für jede Person gibt es nur einen Stuhl, und nicht einmal jedes Kind kann ein Bett sein eigen nennen. Diese

Frau namens Mary hält das Haus peinlichst sauber und erzieht nach besten Kräften ihre sieben Kinder ganz alleine. Nur mühsam gelingt es ihr, dafür zu sorgen, daß die Kinder einigermaßen ausreichend mit Nahrung versorgt werden, die Kleidung wird geflickt, bis kaum mehr eine heile Stelle auf dem Stoff zu finden ist. Marys Mann war von Beruf Fischer. Eines Tages brachte das Meer ihn nicht mehr zu ihr zurück. Von der Zeit an liegt die ganze Last der Familienführung allein auf ihren Schultern. Diese Mühsal ist deutlich spürbar.

Johannes illustrierte die Situation sehr exakt und begab sich voll und ganz in die Gefühle dieser Frau hinein, so daß ich ein sehr deutliches Bild der Situation bekam.
Plötzlich wechselte die Emotion des Klienten von zuvor traurig und belastet zu aufgeregt/ängstlich.
Zwei Männer kommen in Marys Haus. Sie ist zufällig allein. Die Männer wollen ihr Fische verkaufen. Beide sehen sehr verwahrlost aus in ihrer schmutzigen, abgerissenen Fischerkluft und verbreiten einen abscheulichen Geruch nach Fisch und Alkohol. Mary fürchtet sich vor ihnen. Sie kann keinen Fisch kaufen, denn sie hat absolut kein Geld. Die Männer bestehen auf ihrem Vorhaben, ihr etwas von ihrer Ware zu verkaufen, und reagieren nicht auf den Einwand, sie habe kein Geld. Sie werden aggressiv und drohen ihr damit, sie in einen Sack sehen zu lassen, den sie bei sich tragen. (An dieser Stelle weinte der Klient!). Auf meine Nachfrage, was denn in diesem Sack steckte, kam die entsetzte Antwort: *„Schlangen. Ich sehe, wie sie sich bewegen!“*
Die Situation wurde zusehends brisanter, Johannes' Reaktionen immer panischer. Er schrie: *„Sie öffnen den Sack, zwingen mich hinzukucken!“* Dann rang er nach Luft, worauf er still weinend einen Moment verharrte. Ich fragte: „Was passiert nun?“ Johannes mit tonloser Stimme und unbewegtem Gesichtsausdruck: *„Sie zwingen mich, mit ihnen zu schlafen. Alle beide.“ Danach verlassen die Fischer Mary und werden nie*

mehr gesehen, sie verschwinden so plötzlich aus ihrem Leben, wie sie gekommen sind.

Johannes ordnete alle Personen aus dem Past-Life ihm bekannten Leuten zu, d.h., er erkannte in all diesen Figuren Energien der Menschen wieder, die ihm in diesem Leben begegnet waren. Zu seiner Mutter fand er keine Analogien. Ich konnte noch immer keinen Zusammenhang zwischen diesem Past-Life und seinem großen Verlassenheitsproblem erkennen, außer, daß Mary alleine gewesen war, als die Männer bei ihr auftauchten. Ich wußte aber aus Erfahrung, daß das nicht ausreichte, um eine so schwere Symptomatik zu erklären. Also fragte ich: „Was hat das mit deiner Mutter zu tun?"

„Meine Mutter ist das Kind, was aus dieser Begebenheit entstanden ist."

Auch dieses Detail brachte mich noch nicht weiter, und ich bat um Fortsetzung der Geschichte.

Mary zieht unter einer noch größeren Belastung auch dieses Kind groß. Nun kommt die emotionale Qual hinzu, durch das kleine Mädchen immer an den Mißbrauch erinnert zu werden. Alle Kinder werden erwachsen. Kaum sind sie so groß, daß sie für sich selber sorgen können, da verlassen sie die inzwischen sehr gealterte, kranke, entkräftete Mutter, um diesem Elend zu entfliehen. Alle gehen fort, bis auf eines. Das letzte Kind bleibt bei ihr und pflegt sie fürsorglich. Der einzige Mensch, der diese hart geprüfte Frau je geliebt hat.

Anschließend fragte ich Johannes, was es für ein Gefühl sei, von dem einzigen Menschen verlassen zu werden, der einen je geliebt hat.

Seine Reaktion war eine einzige Träne und das Klarwerden all seiner Energien. Seine Aura leuchtete, und er empfand eine tiefe Ruhe in sich.

Er hatte in dem Moment gefühlt, daß die Abreise seiner Mutter jedesmal wieder traumatisch für ihn war und ein absolutes

Verlassenheitsgefühl auslöste, und in seinem Bewußtsein die Mutter der einzige Mensch war, der ihn liebte.
Für Johannes war es eminent wichtig, diesen Glaubenssatz zu ändern, insbesondere im Hinblick auf Partnerschaften, da er gemäß des zweiten Whole-Self-Gesetzes (was immer ich glaube, werde ich mir beweisen) nur Partnerinnen wählen würde, die ihn nicht lieben, denn das erfüllte ja ausschließlich seine Mutter.
Seine Ängste und sein Ekel vor den Schlangen waren ein Hinweis auf eine problematische Einstellung zu seiner Sexualität, da in diesem Falle das Bild der Schlange für den männlichen Penis stand, was durch die begleitende Situation deutlich wurde. Viele junge Männer kommen mit ihrer Geschlechtlichkeit noch nicht zurecht, ohne daß das gleich therapiebedürftig wäre. Jedoch ist bei Johannes der Mißbrauch im Past-Life ein deutliches Anzeichen für einen in diesem Leben erfahrenen Mißbrauch, was er auf Nachfrage auch bestätigte. Und dann ist fraglos eine therapeutische Aufarbeitung dieses Themas indiziert. Nun konnte ich seine Scheu vor einem männlichen Therapeuten verstehen, da Johannes den Mißbrauch in diesem Leben auch durch Männer erfahren hatte.

Üblicherweise wird ein in einem Past-Life erscheinender Mißbrauch auch anhand dieser Bilder bearbeitet. Wovon ich jedoch in diesem besonderen Fall absah, da ich den Eindruck gewonnen hatte, daß Johannes zu dem Zeitpunkt nicht ein Quentchen mehr an Psychoarbeit verkraftet hätte.

Im Past-Life war der Mann von Mary durch die See nicht zurückgebracht worden. Wir können das, genau wie im Traum, anhand der Symbolsprache deuten. Wasser und Schiffe stehen für Gefühle. Im Leben von Johannes war der Vater nicht mehr zugegen. Die Gefühle zwischen ihm und der Mutter hatten ihn nicht zur ihr zurückkehren lassen, er lebte jetzt im Ausland. Auch dieser Mann hatte die Verantwortung für die Familie nicht wahrgenommen, sondern sie seiner Frau alleine überlassen, ebenso wie der Mann von Mary im Past-Life. Mary hat Angst vor Nähe, sie fürchtet verletzt zu werden. Die Fischer bestätigten ihre Ängste, sie näherten sich ihr und verletzten sie. Ihr Mann, der ihr nahe stand, verletzte sie dadurch, daß er nicht zurückkam. Ihr Glaubenssatz, daß Nähe und Verletzung sich bedingen, ermöglichte das Verlassenwerden. Ebenso empfindet Johannes die Verletzung durch den Vater.

Nun wäre da noch die ärmliche Einrichtung zu deuten. Johannes und seine Mutter lebten durchaus im Wohlstand. Aber wie es häufig zu beobachten ist, verhält es sich auch hier. Das Armutsbewußtsein deckte sich nicht mit der Realität. Beide strahlten es nicht aus, wohlhabend zu sein. Es war ihnen durchaus bewußt, daß es ihnen materiell ausgezeichnet ging; und doch wirkten die langen Jahre, in denen gerechnet werden mußte, um über die Runden zu kommen, noch nach.

Die Tatsache, daß sich Mary mit ihrem Tagwerk so plagte, war ein Indiz für mich, daß es sich Johannes auch nicht leicht machte, um im Alltag seiner Aufgabe gerecht zu werden. In der Tat sah er es als eine große Verantwortung für sein Leben an, in der Schule überdurchschnittlich gute Noten zu erreichen, um so mehr beunruhigte ihn sein desolater Zustand, der ihn dann schließlich zu mir geführt hatte.

Als wir die Arbeit beendet hatten, fiel Johannes ein, daß er im letzten Jahr bei einem Trip mit seinen Freunden durch Irland auch den Ort Galway passiert hatte. Er konnte nicht umhin, ihm war nicht im mindesten bewußt, wieso er so handelte, und doch mußte er seinem Bedürfnis nachgeben und von dort aus seine Mutter in der Klinik anrufen und ihr versichern, daß er sie liebe. Da so etwas noch nie vorgekommen war, rief das bei seiner Mutter einige Beunruhigung hervor. Sie ließ sich mehrfach von ihm versichern, daß alles in bester Ordnung sei und er sich wohl fühle und sich mit seinen Freunden ausgezeichnet vertrage.

Einige Wochen später traf ich Johannes zufällig wieder.
Sofort erzählte er mir, seine Mutter habe einen neuen Freund, nahezu jedes Wochenende verbringe sie bei ihm.
Vorsichtig erkundigte ich mich nach seinem Schlaf.
„So gut wie nie zuvor, auch wenn ich allein bin", war die strahlende Antwort.
Es ist eigentlich überflüssig zu bemerken, daß Johannes direkt nach unserer Arbeit seine volle Leistungsfähigkeit zurückerhalten hat.

Im Anschluß an eine Whole-Self-Arbeit beobachten wir im allgemeinen zwei Möglichkeiten, wie sich diese Arbeit auf die Beziehung auswirkt.
Entweder werden bestehende Partnerschaftsprobleme reduziert. Das liegt dann daran, daß sich bei dem oder derjenigen die betreffenden Muster transformiert haben, so daß der Partner oder die Partnerin diese nicht mehr als Lernaufgabe immer wieder darbieten muß.
Oder es gibt die andere Möglichkeit, daß Schwierigkeiten, die vorher latent vorhanden waren, nun in die akute Phase treten. All das, was vorher noch unter den Teppich gekehrt werden konnte, wird nun ins Bewußtsein gehoben und will bearbeitet werden. Dieser Fall bietet Beziehungen die ganz große Chance, eine positive Wende zu erfahren.
Wird diese Herausforderung angenommen, was häufig erfordert, daß die/der PartnerIn auch die Arbeit mit der Whole-Self-Methode macht, wird die Partnerschaft anschließend auf eine neue Ebene gehoben, auf welcher wesentlich mehr Nähe und Achtung gelebt wird.

Johannes wünschte es sich, daß seine Freundin auch einen Termin mit mir vereinbart, damit Bereiche in der Beziehung, die optimaler sein könnten, bearbeitet werden. Die Freundin kann sich jedoch nicht dazu entschließen. Sicherlich spielt meine private Bekanntschaft mit Johannes eine große Rolle dabei,

daß die Freundin Schwierigkeiten hat, diese Arbeit bei mir durchzuführen.
Johannes' Überzeugung, während der Whole-Self-Arbeit eine Exkursion in eines seiner Vorleben getätigt zu haben, stand unerschütterlich. Diese Klarheit, mit der die Bilder des Past-Lifes empfangen wurden, erlebe ich nicht sehr häufig. Detailgetreue Beschreibungen der Ausstattung dieser ärmlichen Hütte, wie verschlissene Stoffe bei den Bezügen der Stuhlkissen und Bettdecken, das Erkennen der präzisen Ausbesserungsarbeiten an Textilien, die Charakterisierung jeder einzelnen Person, sowohl bei den Kindern als auch bei den erwachsenen Akteuren deutete darauf hin, daß ich einen äußerst sensitiven Klienten zu betreuen hatte.
Häufig treten lediglich die Hauptpersonen eines Past-Lifes so deutlich in Erscheinung, daß sie heutzutage lebenden Personen sicher zugeordnet werden können, Johannes nahm auch deutlich jedes einzelne Kind wahr und erkannte Mitmenschen (Freunde, Verwandte) in ihnen wieder, was ich als recht ungewöhnlich beurteilte.
Die visuelle Klarheit in Verbindung mit dem exakten Nachempfinden der emotionalen Gegebenheiten vermittelte ihm den Eindruck, es könne sich nur um eine Situation gehandelt haben, die er in der Arbeit einfach zurückerinnerte.
Häufig reicht schon entweder das starke Nachempfinden der Gefühle im Past-Life, oder die präzisen Bilder, die die KlientInnen bekommen, um die Überzeugung entstehen zu lassen, es handele sich tatsächlich um ein vergangenes Leben.
In der Sitzung mit Johannes erschien die ganze Situation so greifbar, daß auch ich etliche seiner Bilder erhielt. So etwas geschieht häufiger, jedoch nicht in dem Ausmaß wie hier und ist ansonsten meistens auf Situationen beschränkt, die es therapeutisch erfordern, z.B. wenn KlientInnen Angst bekommen und in entscheidenden Phasen der Arbeit alle Bilder blockieren.

In so einem Falle ist behutsames Vorgehen angesagt, da KlientInnen immer selbst angeben, wie weit sie in der Arbeit gehen wollen. Stocken die Bilder oder Informationen, muß meinerseits geprüft werden, ob es sich um eine übliche Angstblockade handelt, die aufzulösen ist, oder ob KlientInnen die nun folgenden Informationen nicht erhalten, weil diese sie überfordern würden. Schwierig wird es für mich nur dann, wenn mehrere Aussagen vorliegen, die sich widersprechen. In solchen Situationen bleibt lediglich eine Möglichkeit weiterzugehen, nämlich das Whole-Self der KlientInnen entscheiden zu lassen, wie der nächste Schritt aussehen soll.

Unterstützt durch die empfindsame, offene Art von Johannes gelang es mir mit Leichtigkeit, eine Arbeitsatmosphäre zu schaffen, in welcher es möglich ist, Ergebnisse von hoher Qualität zu erzielen. Wir bezeichnen dies als ein Erhöhen der Schwingung, was für die Whole-Self-Methode obligatorisch ist. Leider geht das nicht immer so mühelos, wie in dem zuvor beschriebenen Fall. Insbesondere, wenn Menschen sehr „verkopft" sind, erschwert das die Arbeit, was mir erheblich mehr Aufmerksamkeit abverlangt, um besagte Arbeitsatmosphäre zu herzustellen, als das bei Menschen notwendig ist, die auch ungewöhnlichen Dingen aufgeschlossen gegenüberstehen.

*

In solchen alternativen Therapien herrscht im allgemeinen ein gehobenes Energieniveau. Das spüren alle Leute, die sich auf diese Weise begleiten lassen, auch wenn sie über ein durchschnittliches und nicht über ein gesteigertes Wahrnehmungsvermögen verfügen. Diese KlientInnen sprechen es meistens folgendermaßen an: „Hier fühle ich mich sehr wohl, ich habe den Eindruck, daß sich in diesem Raum schon viel ändert, alleine dadurch, daß ich hier sitze." Dieses Wohlgefühl ist immer dann zu verzeichnen, wenn wir uns in Räumen mit angenehmen Energien aufhalten oder wir die Gegenwart von Menschen mit höheren Schwingungen erfahren.
Solche Empfindungen kennen eigentlich alle, wenn es auch häufig nicht direkt in unserem Bewußtsein ist. Wie oft stellen wir fest, wenn wir über Bekannte sprechen: „Das ist aber ein Mensch mit einer angenehmen Ausstrahlung!" Damit beurteilen wir die Schwingungen dieser Person.

In jüngster Zeit treffen wir zunehmend auf Leute, die danach streben, mehr brauchbare Energien zu erhalten, d.h., ihre persönliche Schwingung zu erhöhen.
Der Buchhandel hält zu diesem Thema riesige Mengen an Literatur bereit. Alle Meditationsformen haben zum Ziel, die Menschen durch ein erhöhtes Schwingungsniveau weiterzubringen.

Die Methode, für die sich entschieden wird, ist dabei von untergeordneter Bedeutung. Die Kontinuität, mit der geübt wird, bringt den Erfolg.

Schwierig ist es für AnfängerInnen, sich den „richtigen" LehrerInnen anzuschließen, d.h. solchen BegleiterInnen, die ihre SchülerInnen so unterstützen und lehren, daß sich alle Beteiligten in einer sicheren Art und Weise entwickeln können und voranschreiten. Die Auswahl der LehrerInnen birgt mitunter einige Schwierigkeiten. Menschen, die noch nicht sehr sensibilisiert sind, haben oft für die erforderliche Seriosität der WeisheitslehrerInnen noch nicht das nötige Feingefühl. Es ist wichtig, die eigene Intuition zu schulen; nur dann, wenn ich in der Lage bin, ein sicheres Empfinden dafür zu entwickeln, was mir guttut und was nicht, bin ich in der Lage, die geeignetsten BegleiterInnen herauszufiltern. Dieses Empfinden läßt sich hervorragend im Alltag trainieren. Es bedarf lediglich einiger Aufmerksamkeit und der Bereitschaft, auf die innere Stimme zu hören. Letztendlich sind wir selbst für uns und unsere Entwicklung und unseren Weg verantwortlich, das kann uns kein/e LehrerIn abnehmen, wie weise sie/er auch immer sein mag.

Die meisten Menschen, die zu mir in die Beratung kommen, stehen am Anfang ihrer spirituellen Entwicklung. In diesen Fällen ist eine zeitlich umfassendere Begleitung notwendig, als es die Whole-Self-Methode ermöglicht. Daher bot ich in der Vergangenheit auch ständig Gruppenarbeit an, um sogenannte Newcomer in die Spiritualität einzuführen und vermittelte dabei Grundlagenwissen.
Zu meinem großen Erstaunen kommen mitunter auch absolute Neulinge auf diesem Gebiet, die jedoch oft so viel Potential mitbringen, daß ich das Gefühl habe, mit alten Eingeweihten zu arbeiten; dann interessieren mich die Past-Lifes ganz besonders.

Inzwischen bemerke ich einen Wechsel bei meinem Klientel. Nun spricht es sich auch in TherapeutInnenenkreisen 'rum, daß die Whole-Self-Methode bemerkenswerte Erfolge zu verzeichnen hat, und immer mehr KollegInnen nutzen für sich persönlich diese Möglichkeit der therapeutischen Arbeit, um ihre eigenen Prozesse zu beschleunigen. Bei ihnen reduziert sich die Zeit, in der wir miteinander arbeiten, oftmals.
Der Unterschied zu KlientInnen, die nicht vom Fach sind, besteht meines Erachtens ausschließlich in einer viel weitergehenden Offenheit der KollegInnen. Sobald jemand klar hat, daß er/sie große Barrieren überwinden will, können ungeahnte Veränderungen eintreten.

Häufig erreicht mich die Frage, ob es für die erwarteten Veränderungen denn Grenzen gebe, und wenn ja, welche?

Sicherlich gibt es Grenzen.
Wir schaffen uns Realitäten, in denen wir Grenzen brauchen, um uns einigermaßen sicher zu fühlen.
Solange wir an Grenzen glauben oder sie nötig haben, um uns zurechtzufinden, werden wir Grenzen erleben.
Wir alle wären in der Lage, von jetzt an die Erleuchtung zu erleben (was immer wir uns auch darunter vorstellen). Leider können wir unbekannte Zustände, Gefühle, Einsichten, Möglichkeiten nur in einem bestimmten Maße ertragen. Und genau dann, wenn dieses Maß erreicht ist, schaffen wir uns Grenzen, wir errichten einfach welche.

Ich erlebe es durch die Whole-Self-Methode immer wieder, daß sich jemand einen bestimmten Zeitraum gönnt, sich mit neuen Verhaltensweisen und Muster sowie einem neuen Lebensgefühl anzufreunden; sobald dies erreicht ist, wird dann eine neue Whole-Self-Sitzung gebucht, womit es dann weitergehen kann, d. h., wonach dann eine neue Entwicklungsstufe erprobt wird.

Es gibt auch KlientInnen, die durch die Whole-Self-Methode traumhafte Veränderungsprozesse eingeläutet hatten, die dazugehörigen neuen Lebensgefühle ausprobierten und damit recht gut zurechtkamen, sie aber nun eine Stufe des Wohlbefindens erreicht hatten, die für ihre Ansprüche und Erwartungen an das Leben absolut ausreichten. Diese Leute kommen kein zweites Mal zu einer Whole-Self-Sitzung. Sie scheinen zu fürchten, es könnte ihnen „zu gut" gehen. In Anführungsstrichen, denn nach meiner Meinung kann es niemandem zu gut gehen.

Ich erlebe auch Fälle, in denen es Menschen nach so einer Arbeit sehr viel besser geht als zuvor, dieser Zustand eine Weile anhält und sich dann wieder zurückbildet, zu dem Niveau, das vor der Arbeit bestand.
Zuerst verstand ich nicht, weshalb diese Leute ihre offensichtlichen Rückschritte akzeptierten, ohne wieder den wesentlich angenehmeren Post-Whole-Self-Zustand erreichen zu wollen. Inzwischen glaube ich, daß es dafür mehrere Erklärungsmöglichkeiten gibt, die unterschiedlich häufig zutreffend sein werden:

- Zunächst scheinen zahlreiche ZeitgenossInnen unter uns zu weilen, die es sich nicht gönnen, daß sie glücklich sind. Sie lieben sich selbst nicht genug, um es sich möglichst gut gehen zu lassen. Sie glauben, es nicht verdient zu haben, gesund und glücklich zu sein, häufig besteht dort ein nichtbewußter Glaubenssatz von Schuld.
- Die nächste Abwandlung besteht darin, daß Menschen sich häufig nicht sicher genug fühlen, wenn alles in ihrem Leben glatt geht. Unbewußt scheinen sie zu glauben, daß sie damit das nächste Unglück direkt heraufbeschwören. Dann mögen sie schon lieber die tägliche Unzufriedenheit akzeptieren, als in der ständigen Angst zu leben, das Schicksal könne jeden Moment erbarmungslos zuschlagen.
- Eine weitere mögliche Variante beim Zurückgehen in alte Verhaltensweisen finden wir, wenn Menschen ihre positven

Veränderungen nicht begrüßen, weil der Kontakt mit alten FreundInnen und Familienmitgliedern dadurch oft erschwert oder unmöglich gemacht wird.
- Andere vergessen einfach das, was sie in der Therapie an Lernerfahrung gemacht haben, wieder. Sie müssen noch einmal da anfangen, wo sie ursprünglich stehengeblieben waren. Ihnen erscheint es dann erfolgversprechender, langsam durch das tägliche Leben zu lernen und nicht mehr durch eine Lebensberatung, die auch wieder in Vergessenheit geraten kann.

Ich zählte nur einige wenige Möglichkeiten auf, das Leben wird noch weitere Varianten bieten.
Sicherlich ist es möglich, diese Angstblockaden zu beheben. Die Whole-Self-Methode ist ja geradezu prädestiniert, auch solche Schwierigkeiten anzugehen. Nur leider möchten die meisten Menschen, die Angst vor Veränderung haben, nicht mehr mit Entwicklung konfrontiert sein, deshalb erscheinen sie dann nicht mehr in der Praxis. So besteht für mich dann keine Möglichkeit mehr, diese KlientInnen weiter zu begleiten. Diese Menschen suchen meistens erst dann wieder den Kontakt mit mir, wenn ein akutes Problem auftaucht, das einen starken Leidensdruck hervorruft. In solchen Fällen verdrängt die Notwendigkeit zur Problemlösung die Angst vor Entwicklung.

Aber selbst dann, wenn der Erfolg der Arbeit wieder zurückgerufen wird, profitieren die Menschen doch noch davon. Sie haben einen klaren Eindruck erhalten, was das Leben noch an weiteren Möglichkeiten für sie bereithält. Allein diese Erfahrung ist es meiner Meinung nach wert, so eine Arbeit zu machen.
Denn jede Möglichkeit, die sich uns bietet, ist von unschätzbarem Wert zu erkennen, daß wir in Realitäten leben, was bedeutet, daß es sich um Illusionen handelt, bei dem, was wir zu erleben glauben.

*

Gruppen bereiteten mir früher immer eigenartige Gefühle. Noch während meiner Ausbildung in der 'Lebensschule Hamburg' konnte ich mir aufgrund dessen nicht vorstellen, jemals selber Gruppen zu leiten.

In der Gruppe der Whole-Self-TherapeutInnen, die gerade ihre Ausbildung beendet hatten, führten wir ein Gruppen-Past-Life durch.

Ich sehe mich als ganz junge Indianerin, der die Ehre zuteil wird, bei einem Treffen von Medizinfrauen als eine der ihren mit einbezogen zu sein.

Ich bin mir bewußt, daß es sehr ungewöhnlich ist, eine so junge Frau wie mich teilnehmen zu lassen. Nun, gerade einmal vierzehn Sommer alt, fühle ich mich geehrt und anerkannt.

Jetzt sitze ich mit den weisen Frauen im Kreis und halte ein Gefäß mit einer magischen oder heilenden Flüssigkeit. Auf jeden Fall ist der Inhalt von einiger Wichtigkeit.
Plötzlich stößt mich die Frau an, die rechts neben mir sitzt, und ich verschütte den kostbaren Inhalt meiner Schale.
Noch bevor ich mich von meinem eigenen Schrecken erholt

habe, fährt mich die den Zirkel leitende Medizinfrau unsanft an. Sie erklärt mich für unwürdig, an Zeremonien teilzunehmen. Und sie ist um so zorniger, weil ich mir doch eigentlich meiner Ausnahmesituation bewußt sein sollte, und das Vertrauen, daß sie in mich gesetzt hätten, rechtfertigen sollte.
Meine ungeschickte Nachbarin meldet sich nicht, sie läßt mich tatsächlich allen Unmut alleine ausbaden. Es kommt mir nicht eine Sekunde lang in den Sinn, sie zu belasten, wenn sie nicht freiwillig die Verantwortung dafür übernimmt.
Ich selbst mache mir Vorwürfe, nicht aufmerksam gewesen zu sein und damit das Übel nicht rechtzeitig erkannt zu haben. Ich werfe mir vor, stolz darüber gewesen zu sein, zu diesen wichtigen Frauen gezählt zu werden. Dieser Stolz habe das Unglück angezogen. Und dann das Gefühl, versagt zu haben, weil das Ego im Vordergrund gestanden hatte.
Ich fühle mich nicht gut genug; überschätzt; nicht liebenswert genug, als daß andere für mich eintreten. Also völlig mies.

Diese junge Frau hatte die Selbstbeurteilung getroffen, nicht gut genug zu sein. Ihr war der Grund, weshalb sie für dieses Ritual ausgewählt worden war, nämlich ihre Sensitivität und die Naturbegabungen, die versprachen, aus ihr eine qualifizierte Medizinfrau werden zu lassen, nicht bewußt. Ohne Veranlassung wird ein so junges Ding nicht in so ernsthafte Zeremonien eingeweiht.
Ihre Nachbarin verdeutlichte durch ihre Handlungsweise lediglich den Glaubenssatz der jungen Indianerin. So wurde es durch die unangenehme Begebenheit der jungen Frau ermöglicht, für sich zu erkennen, daß sie einer Selbstbeurteilung unterlag, die in keiner Weise mit der Wahrheit übereinstimmte.

Jetzt ist mir klar, was ich in Gruppen immer empfand. Es waren genau die gleichen Selbstbeurteilungen, die die junge Indianerin schon mit Widerstand belegt hat, als das Mißgeschick mit der kostbaren Flüssigkeit geschah. Um genauer zu sein, war es eine Erinnerung an diese dort hochgekommenen Emotionen.

Ich konnte mich nicht daran erinnern, daß es in diesem Leben einen Anlaß gegeben hatte, der die getroffenen Selbstbeurteilungen in Gruppen ausgelöst haben könnte. Tatsächlich war ich in solchen Gruppen immer gut zurechtgekommen, abgesehen von meinen eigenen unangenehmen Gefühlen. Ich mied jedoch nach Möglichkeit derartige Zusammenkünfte, da mich meine Empfindungen immer so unwohl fühlen ließen.

Für meinen Beruf wäre ein Fortbestehen dieser Empfindungen sehr hinderlich gewesen. Im nachhinein kann ich nur sagen, daß die Gruppenarbeit mir inzwischen sehr viel Freude bereitet. Ich biete immer wieder neue Gruppen an, es gefällt mir einfach, mit mehreren Menschen gleichzeitig zu arbeiten.

Wie kam denn nun der Umschwung?
Jedesmal, wenn ich mich im Anschluß an dieses Past-Life in einer Gruppe nicht wohl fühlte, kam mir der Gedanke: 'Aha, so hat sich die junge Indianerin gefühlt, als sie vor allen weisen Frauen so runtergeputzt worden ist.'
Damit entfiel die sonst übliche negative Selbstbeurteilung, die ich bei den Malen vorher immer für mich parat gehabt hatte, wie: 'Sigrid, du bist einfach zu blöd, um mit anderen klarkommen zu können, es läuft alles prima und du fühlst dich mies.'
Ich hatte den Widerstand gegen das Fühlen aufgegeben. Ich fand es sehr interessant, da es ja nicht meine eigenen Gefühle waren, sondern nur die Erinnerungen daran, und die konnte ich nun problemlos annehmen. Weil ich die Selbstbeurteilung nunmehr unterließ, hatte ich auch mit der Wiederholung (versuch's noch einmal) kaum noch zu tun. Einige wenige Male tauchten noch leichte Erinnerungen an die herabziehenden Emotionen vorher auf, verabschiedeten sich jedoch dann dauerhaft.

*

Das Telefon läutete. Es meldete sich Wolfgang. Er bat um einen Termin. Möglichst bald. Denn er beabsichtigte, sich beruflich zu verändern. Wolfgang bekam meine Adresse am Wochenende zuvor von einer meiner Klientinnen, die er während eines Workshops kennengelernt hatte.
Nun, während der Sommerferien arbeitete ich zwar, hatte aber bereits so viele Termine angenommen, daß ich eigentlich schon ausgebucht war. Sein Argument, er begänne nicht nur mit einer neuen Arbeitsstelle, sondern nähme diesen wichtigen Einschnitt zum Anlaß, sein Leben von Grund auf neu zu gestalten, beeindruckte mich. Die Dringlichkeit dieses Wunsches, alles neu zu durchdenken und möglichst viele der alten Muster hinter sich zu lassen, gaben den Ausschlag für meine Bereitschaft, noch wenige Tage vor meinem eigenen Urlaub mit ihm eine komplette Arbeit mit der Whole-Self-Methode durchzuführen, mitten in der Vorbereitung für dieses Buch.
Also stellte ich die Aufgabe, mich damit auseinanderzusetzen, wie ich einen Computer zu bedienen habe, noch einige Tage zurück. Würde das auf den Urlaub verlegen müssen, denn ich besaß inzwischen ein Notebook für den Rucksack. Jahrelang hatte ich mich geweigert, mich mit neuen Technologien anzufreunden. Hatte immer darauf gehofft, daß in meinem Leben dafür keine Notwendigkeit entstehen würde. Als meine Tochter

einen PC bekam und eine Einführung für die Bedienung von dem Vorbesitzer erhielt, sah ich dabei zu. Ihr Kommentar: „Lerne du erstmal, den Videorecorder zu bedienen!" All dieses technische Gerät machte mich überhaupt nicht frohgestimmt, erst recht nicht, wenn ich auch noch gezwungen war, es zu benutzen. Dabei mangelte es mir durchaus nicht am technischen Verständnis. Etliche Elektroreparaturen erledigte ich selber. Wenn die Waschmaschine oder das Waffeleisen streikten, reparierte ich die Geräte und war stolz, selten einen Mechaniker beanspruchen zu müssen. Doch so hochtechnisiertes Material verlangte mir gehörigen Respekt ab. Je größer mein Widerstand, desto schwieriger würde es sein, die notwendigen Befehle zu erlernen, die mein Computer dringend benötigte, um genau das zu tun, was ich von ihm verlangte. All die kleinen Tips, die ich meinen KlientInnen gebe, wenn sie mit schwierigen Aufgaben betraut sind, die hatte ich selber nun bitter nötig. Mir blieb kaum Zeit, zwischen Kofferpacken zu organisieren, daß Hund, Vogel, Fische und Blumen während meiner Abwesenheit betreut wurden und den sonstigen Vorbereitungen für meine Reise, mich auch noch mit dem Computer zu beschäftigen. Ich wußte lediglich, wo der Knopf zum Anschalten war, aber nichtmals, wie ich in irgendein Programm hineingelangen konnte. Mir war klar, in diesem Urlaub mußte ich mit dem Buch beginnen. Denn so ein Projekt zu starten neben meinem Praxisbetrieb und der Erziehung meiner drei Töchter war nahezu undenkbar.
Die Alternative, das Buch nicht zu schreiben, bestand nicht, da ich mich durch die Gedanken, die sich zu diesem Thema aufdrängten, ziemlich blockiert fühlte. Ein Gedanke, der nicht in die Tat umgesetzt wird, von dem wir glauben, er hätte es verdient, realisiert zu werden, bindet einfach zu viele Energien. Hinzu kam, daß alle Welt beschlossen zu haben schien, mich der schreibenden Zunft zuzuordnen. Mir begegneten wildfremde Menschen, die nach kurzen Gesprächsphasen fragten: „Haben Sie schon ein Buch geschrieben?" Oder KlientInnen, die bestimmte Informationen so bereichernd fanden, daß Sie mich

baten, zu diesem Thema etwas zu publizieren. Und bei der Arbeit kam es vor, daß sich mir ein weiteres Buchprojekt nahezu aufdrängte, als ich vergeblich versuchte, einer Klientin einen komplexen Zusammenhang innerhalb einer Therapiestunde zu erklären, und mir nicht bekannt war, wo sie nachlesen konnte, um sich mit der Materie vertraut zu machen.

Ich prüfe grundsätzlich alles sehr genau, was mir wie ein Hinweis erscheint. All diese „zufälligen" Begebenheiten, die mir plötzlich über den Weg liefen bezüglich des Schreibens, ließen mich aufmerken. Schon häufig hatte ich die Erfahrung gemacht, daß es sich in meinem Leben sehr positiv auswirkte, wenn ich solche Auffälligkeiten bei meinen Entscheidungen berücksichtigte, auch wenn ich zunächst nicht sehr begeistert war, mich diesen Dingen zu stellen. So auch in diesem Fall. Ich konnte mir nicht vorstellen, jemals die Geduld und Ausdauer aufbringen zu können, die Autoren abverlangt wird. Auch wenn ich nicht jubeln konnte, wenn sich die Gedanken an die Schreiberei einstellten, so wußte ich sehr genau, daß ich mich in den Strom meines Lebens begeben mußte. Fließen nun einmal Energien, die zu geschriebenen Büchern geformt werden wollen, so gibt es dann noch die Möglichkeit, die Impulse dafür nicht zu beachten, was gleichbedeutend damit gewesen wäre, den Fluß der Energien zu blockieren. Mir war sehr klar, daß ich so eine Blockade nicht auf die Autorentätigkeit würde begrenzen können. Sie würde sich auch auf andere Gebiete meines Lebens auswirken. Und das wollte ich mir nicht antun.

Insgesamt handelte es sich um drei verschiedene Werke, die von mir herausgegeben werden wollten. Ich hatte nicht ein einziges auf dem Papier, sondern alle drei lediglich in meinem Kopf. Zunächst fand ich die Vorstellung beängstigend, die Schreiberei auch noch in meinen prallgefüllten Tagesablauf pressen zu sollen. Doch dann spürte ich die Sicherheit, daß, wenn ich damit meiner Bestimmung folgte, ich über die nötigen freien Kapa-

zitäten würde verfügen können. Ich hatte über die praktische Herangehensweise meditiert und wußte dann, daß ich spätestens im Sommer 93 damit würde beginnen müssen und als das zeitsparendste Zubehör ließ sich ein Computer nicht umgehen.
Schon Wochen vor Ferienbeginn gingen mir Überlegungen zu diesem Thema durch den Kopf:
Wie würde ich meine Widerstände gegen so ein Gerät auflösen können? Darüber sinnierte ich ziemlich lange. Sollte ich vielleicht mittels NLP (Neurolinguistisches Programmieren) versuchen weiterzukommen? Dabei können Erfahrungen von anderen Menschen direkt übernommen werden, ohne sie selbst gemacht zu haben. Ich ging im Geiste alle Computerfreaks in meinem Freundeskreis durch, von wem könnte ich am leichtesten die Begeisterung für diese Technologie kopieren? Bevor ich mich entschieden hatte, war zuerst noch die Wahl für ein bestimmtes Gerät offen. Wegen der Portabilität drängte sich ein Notebook förmlich auf.
Ich betrat also einen Computerladen und sah mir die kleinen Wunderwerke einmal an. Schon hatte es mich erwischt. Es war Liebe auf den ersten Blick. Ein Gerät von den Ausmaßen einer großen Pralinenschachtel hatte mein Herz erobert.
Plötzlich mußte ich nicht mehr einen Gedanken an meinen Widerstand bezüglich Computer verwenden. Ich machte mir bewußt, daß zu meiner Ausbildungszeit die Technologie, die in diesem kleinen Teil steckte, ganze Räume gefüllt hatte, und ich konnte all das einfach in meine Tasche stecken und dahin transportieren, wohin es mir gerade einfiel.
Das war der Trick, der mich rettete. Ich hatte mich gefühlsmäßig dem Notebook geöffnet, und so bereitete es mir nicht die geringsten Probleme, die Benutzung in Mindestzeit zu erlernen. NLP oder andere therapeutische Schachzüge waren augenblicklich völlig überflüssig geworden.

So stand auch der Arbeit mit Wolfgang nichts mehr im Wege.

*

Wolfgang lebte nicht sehr glücklich als Single.
Er wünschte sich eine Änderung all seiner Lebensumstände und eine Verbesserung seiner finanziellen Lage.
Sich eine Partnerin und Kinder zu wünschen, war mir sehr eingängig, erlebte ich es doch nahezu täglich in meiner Praxis, daß dieser Wunsch die Entscheidung für eine Psychoarbeit herbeiführte.
Der zweite Teil seines Anliegens erstaunte mich jedoch sehr, da ich nach dem Einführungsgespräch keine verschwenderische Ader bei ihm hatte entdecken können, und er, der als Diplomphysiker, wenn auch bisher nur mit einem Zwanzig-Stunden-Job versehen, doch über ein regelmäßiges Einkommen verfügte, was sicherlich bei seinem geringen Aufwand an Mietkosten durchaus ausreichend sein sollte.
Aber Wolfgangs Girokonto wies ein Soll von über elftausend DM aus.
Und so lenkte ich meine Aufmerksamkeit auf diesen Punkt.

Wo blieb sein Gehalt? Sicherlich ist es kostspielig, an Seminaren teilzunehmen. Häufig fallen zusätzlich zu Teilnehmergebühren auch noch Aufwendungen fürs Hotel und die Verpflegung an. Doch da mir bekannt war, daß Wolfgangs Interesse an der Spiritualität erst vor einem Jahr erwacht war, konnten all seine Schulden nicht auf diese Weise entstanden sein, was er auf mein Nachfragen auch bestätigte; vorher sei sein Konto bei neuntausend DM im Minus gewesen.

Mein Klient fuhr einen uralten VW Golf, den er bereits gebraucht gekauft hatte und seit vier Jahren besaß, und er hatte seit sechs Jahren keine Urlaubsreise mehr unternommen. Seine Kleidung ordnete ich als geschmackvoll und originell ein, jedoch keineswegs als kostspielig.
Auch Wolfgang selbst fand keine Erklärung für sein finanzielles Desaster. Es habe sich langsam aber sicher eingestellt. Und wie sehr er sich auch bemühe, er fände nichtmals die Möglichkeit, wenigstens eine Trendwende zum Positiveren hin zu erreichen. Er habe sich nun zu einem Beratungsgespräch bei der Schuldnerberatung angemeldet. Der Termin stünde jedoch noch aus.

Da ich häufig die Korrelation zwischen materieller Energie, wie in diesem Falle Geld, und Lebensenergie beobachtet hatte, fürchtete ich auch hier, einen derartigen Zusammenhang zu finden. Es ist tatsächlich oft festzustellen, daß Menschen, die über wenig Tatkraft, Körperkraft und Lebensfreude verfügen, ihre finanziellen Mittel entweder nicht gut zusammenhalten können, oder einfach wenig Materielles besitzen. (Es kommt andererseits auch vor, daß diejenigen, die ihre reichlichen Lebensenergien unkontrolliert rauspowern, auch mit ihren Geldenergien so verfahren.) Ob jemand reich ist, oder nicht ganz so reichlich mit Geld gesegnet, unterliegt nicht dem Zufall.
Doch hier war dieser Zusammenhang alles andere als offensichtlich. Mit Wolfgang saß mir ein hochintelligenter und durchaus energiegeladener junger Mann von 37 Jahren gegenüber.
Trotzdem wollte ich dem Hinweis auf mangelnde Lebensenergien nachgehen. Solche latent vorhandenen Blockaden können

dadurch, daß sie sich dem Bewußtsein entziehen, die größten Schwierigkeiten verursachen.
Wolfgang mit dem Zusammenhang zu konfrontieren, führte zu der Information, depressive Phasen seien in seinem Leben nicht gerade selten.

Wir begannen nach der Lichtmeditation mit der Vorgeburtsarbeit. Im Anschluß daran führte ich ihn anhand seiner finanziellen Sorgen in ein Vorleben.

Wolfgang sieht sich als fünfzehnjährige Jugendliche, als ein jüdisches Mädchen namens Ingrid, während des Zweiten Weltkriegs in Deutschland lebend.
Die Frage nach den Familienkonstellationen führte dazu, daß Wolfgang den damaligen Vater als Mutter aus dem jetzigen Leben wiedererkannte. Die Mutter aus dem Past-Life war ihm in diesem Leben noch nicht begegnet.
Ingrid hält sich häufig im elterlichen Garten auf und empfindet Fröhlichkeit und ein durchweg gutes Gefühl.
Doch beim Nachspüren dieser Gefühle im Körper vernahm ich den Ausruf:
„Es tut auch weh."
S.: „Was?"
W.: „Das Glücklichsein."
S.: „Was verbirgt sich hinter dem Schmerz?"
W.: „Melancholie, Todessehnsucht."
Wolfgang weinte.
Dann erscheinen Bilder vom Gefängnis, anschließend von der Freiheit, erneut in einem Garten.
Wir gingen diese Situationen noch einmal ganz langsam durch.
Ingrid befindet sich wieder im Garten, nimmt die Gefühle von Glück und Fröhlichkeit noch einmal wahr, woraufhin sich wieder Melancholie und Todessehnsucht einstellen.
Auf die Frage nach der Befreiung folgten wieder Tränen.

Die Insassen eines Zuges brechen bei der Deportation in ein KZ einige Bretter aus den Seitenwänden ihres Waggons heraus. Ingrids Vater ergreift seine Tochter und wirft sie, unterstützt von seinem Bruder, durch das so entstandene Loch aus dem fahrenden Zug, mit dem gleichzeitigen Befehl: „Lauf!“
S.: „Was empfindet der Vater dabei?“
W.: „Großen Schmerz und ein bißchen Hoffnung, daß ich die Chance habe zu leben.“
Ingrid wird gerettet. Ein ganz liebes, altes Ehepaar nimmt sie auf und versorgt sie wie ein eigenes Kind. Die zwei freundlichen alten Leute besitzen einen wunderschönen, großen Garten, in welchem es grünt und blüht und der zum Zufluchtsort von Ingrid auserkoren wird. Aber auch hier kann sie keine Fröhlichkeit mehr empfinden, kein Glück, fühlt sich nicht einmal mehr einigermaßen wohl, sondern lebt nur noch ihre Melancholie und häufig auch ihre Depression.
All ihre Emotionen führen sie nur zu ihrem Vater, von dem sie spürt, daß er nicht mehr lebt. Ihre Liebe zu ihm ist ungebrochen, wenngleich sie ein tiefe Verletzung dadurch empfindet, daß er sich von ihr nicht auf seinem letzten Weg begleiten ließ. Sie wäre ihm so gerne in den Tod gefolgt. Zu sterben erscheint ihr so viel leichter, als nun so völlig ohne familiäre Bindung bei fremden Menschen zu leben, die auch nicht über das intellektuelle Niveau verfügen, welches sie gewohnt ist. Also eine total fremde Welt.
Kein Gefühl bindet sie an diese lieben alten Leute.
Ingrid findet keinen Zugang mehr zu anderen Menschen.
Um Wolfgang das deutlich zu machen, fragte ich wiederholt nach, wo Ingrid denn mit ihrem Gefühl sei.
Wolfgangs Antwort: „Bei dem Vater.“
S.: „Also im Tod?!“
Keine Antwort.
S.: „Hat das dein Vater gemeint, als er wünschte, daß du lebst?“
Keine Antwort.

S.: „Was hat dein Vater gewollt?“
W.: „Daß ich den Holocaust überlebe.“
S.: „Tust du das?“
W.: „Ja, natürlich.“
S.: „Wenn du dich nun auf deinen Vater konzentrierst, auf diese Hoffnung, die er hat, wofür er bereit ist, sich von dir zu trennen, wofür er bereit ist, zu riskieren, daß er bei diesem riskanten Manöver eigenhändig seine Tochter tötet. Und wenn du dir dann vergegenwärtigst, wie du dieses Leben lebst, ohne ein Gefühl für andere Menschen, was fühlst du dann?“
W.: „Schuld.“
S.: „Was für ein Gefühl ist hinter der Schuld?“
W.: „Ich erfülle nicht die Hoffnung meines Vaters, ich habe es nicht verdient, gerettet worden zu sein. Er hätte sich sicherlich gewünscht, daß ich aktiv an diesem Leben teilnehme. Ich muß seinen Tod akzeptieren und selber leben. Ich weiß nicht, wie das geht.“
S.: „Kennst du den Bruder deines Vaters in deinem heutigen Leben?“
W. völlig verblüfft: „Es ist meine Ex-Frau Monika!“
S.: „Woran erinnern dich diese Gefühle in deinem heutigen Leben?“
W.: „An die Beziehung zu meiner Mutter und auch zu Monika.“
S.: „Aus welchem Zug fühlst du dich geworfen?“
W.: „Aus dem Zug der Liebe.“

Wolfgang hatte mir bereits die besondere Beziehung, die ihn mit seiner Mutter verbunden hatte, geschildert. Eine sehr enge Bindung an sie erschwerte es ihm während der Pubertät, sich von ihr zu lösen.
Als er sich im Alter von fünfzehn Jahren zum ersten Mal verliebt hatte, war der Mutter bewußt geworden, daß es sich bei ihrem zärtlichen Sohn nicht mehr um ein Kind handelte. Eines Tages war er mal wieder mit offenen Armen und ebensolchem

Herzen auf sie zugekommen, da hatte sie ihn angeknurrt: „Das gehört sich für einen so großen Jungen nicht mehr, hol dir das von deiner Freundin.“

Nun war mir klar, daß Wolfgang die Ablösung von seiner Mutter, die diese so abrupt betrieben hatte, als ziemlich traumatisch empfunden haben mußte. So deutete ich auch das Bild in dem Past-Life, wo der Vater, der ja in diesem Leben durch die Mutter verkörpert wird, das Kind aus einem fahrenden Zug wirft, um es dem Leben zuzuführen. Sicherlich fand die heftige Reaktion von Wolfgangs Mutter in diesem Leben in der gleichen Absicht ihre Erklärung. Sie wollte ihren Sohn nicht durch ödipale Gefühle an sich gebunden sehen. Hinzu kam sicherlich auch, daß sie nicht gewohnt war, über Gefühle und Sexualität zu sprechen, ja sich sicherlich ihrer eigenen emotionalen und physischen Regungen nicht bewußt war und wenn doch, sie sich diese bestimmt nicht eingestehen mochte.

Auch über Wolfgangs Ehe wußte ich bereits Bescheid.

Er hatte seine jetzige Arbeitsstelle direkt im Anschluß an sein Studium angeboten bekommen, durch die Entfernung zu seinem Wohnort war er gezwungen gewesen umzuziehen. Seine Frau lehnte es ab, ihn an den neuen Wohnort zu begleiten; sie führte Gründe wie ihre alten Eltern und ihre Arbeitsstelle an. Wolfgang hatte sich für den Job entschieden, wohl auch aus Gründen, die noch in der Abhängigkeit von seinen Eltern zu suchen waren, wenngleich Wolfgang diese Entscheidung doch eher intuitiv tätigte. Noch immer hatte er sich nicht von Mutter und Vater lösen können, und nahezu tägliche Besuche im Elternhaus hielten ihn auch energetisch nicht nur an die Personen, sondern auch an deren Lebensstil und die dazugehörigen Denkmuster gefesselt. Er spürte es deutlich, daß neue Einflüsse von fortschrittlich denkenden Menschen nötig sein würden, um die lebensbehindernden Muster seines Elternhauses überwinden zu helfen.

Eine weitere Blockade in Wolfgangs Leben stellte die eben-

falls unbewußt vorhandene Einsamkeit dar. Seine Frau konnte ihm weder in die tiefen Ebenen seiner Gefühlswelt, noch in die schwindelerregenden Höhen seiner mentalen Gegebenheiten folgen. Durch sein Fortziehen erhoffte Wolfgang, der sich Monika dennoch in tiefer Liebe verbunden fühlte, und dem ein gegenseitiger intellektueller Austausch nicht sehr wichtig erschien, nun von ihr einen Liebesbeweis zu erhalten.
Trotz zunächst regelmäßiger gegenseitiger Besuche lebten sie sich in kürzester Zeit auseinander. Monika war sehr bald neu verliebt, und die Scheidung wurde unvermeidlich.
In der Therapie erkannte Wolfgang, daß er sich nie verziehen hatte, fortgegangen zu sein. Bisher hatte er im Bewußtsein, für egoistische Ziele seine Liebe verraten zu haben.
Durch die Whole-Self-Methode hatte er nun auf allen Ebenen erfahren, daß er es in der Beziehung zu Monika nicht mehr ertragen hatte, mit anzusehen, wie sie aus reiner Gewohnheit mit ihm verheiratet blieb. Und er spürte erstmals ihr Unglücklichsein während der Ehe mit ihm nach. Monika hatte sich Wolfgang gegenüber immer minderwertig gefühlt. Sie wußte sehr genau, daß sie nie in der Lage sein würde, seine tiefen Gefühle zu erwidern. Und auf geistiger Ebene würde sie nie auch nur annähernd sein Niveau erreichen können, hatte sie doch schon häufig genug im Kreise seiner Kommilitonen seine Überlegenheit sogar diesen gebildeten Leuten gegenüber beobachten können. Wie sollte sie als einfache Hauptschülerin da mithalten können? Sie empfand sich als Klotz an Wolfgangs Bein, wenn sie daran dachte, über welch unermeßliche Potentiale er zum Leben verfügte, wie Gefühle, Intelligenz, Kreativität und Lebendigkeit. Sie fühlte sich ganz mies dabei, ihn derart durch ihre bürgerliche Lebensart zu behindern. Sein Fortgehen war für sie ein willkommener Anlaß, sich aus der für sie so belastenden Beziehung rauszuschleichen und einen Mann für sich zu wählen, der sehr viel besser zu ihrem geistigen Potential und ihren emotionalen Gegebenheiten paßte als Wolfgang.

Noch nie zuvor war es Wolfgang gelungen, diese Facette seiner gescheiterten Ehe zu beleuchten. All die Schuld, die er stets bei sich gesucht hatte, nun wurde sie gründlich revidiert. Er spürte eine Zentnerlast von seiner Seele genommen.
Und vorsichtig führte ich Wolfgang wieder in das Past-Life. Ich fragte ihn erneut, wie denn der Zug heiße, aus dem er sich geworfen fühle.
Wolfgang: „Es ist der Zug der Einsamkeit."
S.: „Wie hattest du ihn zuvor genannt?"
W.: „Liebe. Nun weiß ich nicht nur ganz sicher, daß dieser Zug mich nur noch tiefer in die Einsamkeit geführt hätte, ich kann es auch ganz deutlich spüren!"

Im Past-Life stand die junge Ingrid im Garten. Das ist ein Bild, das das Leben und die Fruchtbarkeit symbolisiert, was sich jedoch nur außerhalb ihrer selbst abspielte. Der wunderbare Garten der beiden Alten sprach sie zwar an, sie konnte aber kaum positive Gefühle dazu entfalten.
Wolfgang nahm auch das Leben um sich herum wahr, ohne aktiv daran beteiligt zu sein. Er registrierte sehr wohl die gut funktionierenden Beziehungen in seiner Umgebung, wo er auch stets in kritischen Gefühlslagen Zuflucht suchte, sich aber doch emotional außen vor fühlte. Beruflich pflegte er den Kontakt zu Menschen, die sich durch hohe Kompetenzen in ihrem Fachbereich auszeichneten, denen jedoch menschliche Regungen häufig abgingen. Privat unterhielt er ausschließlich Beziehungen zu einfacheren Leuten, die zwar seine emotionalen Ansprüche in etwa erfüllten, seinen intellektuellen Bedürfnissen jedoch nicht gerecht werden konnten. Den Hinweis auf die unbefriedigend verlaufenden sozialen Kontakte erhielt ich durch die Auswertung der Antwort auf die Frage im Past-Life nach dem Niveau der beiden alten Leute. Wolfgang ging keine sehr engen Bindungen mehr ein, fand einfach kaum einen Zugang zu seinen Mitmenschen, wenn diese ihm andeuteten, sie seien an einer tiefen, bedeutsamen Beziehung interessiert.

Spürte er das Fließen von reinen Herzensenergien, zog er sich urplötzlich zurück; oder ein unvermeidbarer Streit verschaffte ihm den nötigen Abstand, damit sich Wolfgang sicher fühlen konnte. Fröhliche Stimmung und das Empfinden von Glück suchte er in seinem jetzigen Leben möglichst zu vermeiden, da das in seinem Computer als Auslöser für Einsamkeit, Trennung, Liebesverlust und Tod eingespeichert war. Im Garten der Eltern im Past-Life hatte das Mädchen Ingrid die Gefühle von Fröhlichkeit und guter Stimmung empfunden und kurz darauf ereignete sich die Katastrophe.
Auch wenn Wolfgang sich vordergründig dessen nicht bewußt ist, wird er durch seinen tief verwurzelten Glauben an diese Sequenz (erst ein gutes Gefühl, darauf folgt ein traumatisches Erlebnis), sich immer wieder erneut solche Situationen kreieren, in denen sich dieser Glaubenssatz bestätigt.

Und wieder stoßen wir auf die Whole-Self-Gesetze. Nach dem zweiten Gesetz werden wir uns alles, was wir über uns glauben, auch beweisen. Der Widerstand gegen die so erlebten Gefühle führt zur Wiederholung der Situation. Damit treten das erste Gesetz: „Wogegen ich Widerstand habe, das muß ich erfahren.“ und das dritte Gesetz: „Versuchs noch einmal!“ in Kraft.

Danach empfahl ich Wolfgang, einmal wöchentlich zu joggen, d.h., ich sagte zu ihm: „Lauf!“, woraufhin er mich voller Entsetzen ansah. Doch dann war er sich seines Widerstandes wohl bewußt, und er erklärte sich bereit, für sein Fortkommen auf dem persönlichen Sektor einiges zu investieren, nämlich auch seine Widerstände gegen das Laufen und die Bewegung in seinem Leben (im realen wie im übertragenen Sinne) aufzulösen.

Dieses Past-Life ermöglichte einen deutlichen Aufschluß der Beziehungen, die Wolfgang zu Mutter und Monika, sowie zu Mitmenschen allgemein, unterhielt, ließ jedoch noch keine

Zusammenhänge mit seiner finanziellen Misere erkennen. Doch das entsprach der Absicht, womit dieses Past-Life gestartet wurde. Wieso tauchte das Finanzproblem nicht wieder auf? Wie beeinflußten die Interaktionen zwischen Wolfgang und seinen Nächsten den Pegelstand in seinem Portemonnaie?
Noch blieb es mir ein Rätsel.
Um es zu lösen, steuerte ich mit Wolfgang das nächste Past-Life an.

Zu dem gravierendsten Problem, das das erste Past-Life erkennen läßt, wurde ein eigenes Past-Life erstellt, was aber der Übersicht wegen nicht aufgeführt wird. Hierbei handelt es sich um die Frage, bei wem denn eigentlich die Verantwortung für Wolfgangs Gefühle liegt, wem Wolfgang die Verantwortung überläßt.

Dieser hochsensible junge Mann schien viele Fraueninkarnationen gelebt zu haben. Denn schon wieder erlebte er sich als weibliches Wesen, was in engem Zusammenhang mit dem zuletzt untersuchten Vorleben gestanden zu haben schien. Denn schon wieder lautete der Name Ingrid.

Ingrid arbeitet als Ärztin in einer Nervenklinik auf der Männerstation.
Bei gutem Wetter verbringt sie ihre Mittagspause mit einem Spaziergang in dem zum Klinikgelände gehörenden Wald.
So auch an diesem Tag. Ingrid geht allein, und viele Patienten bewegen sich wie sie bei dem prächtigen Sonnenschein an der frischen Luft. Sie genießt die Natur und das schöne Wetter, fühlt sich fröhlich und unbeschwert und erfreut sich ihres Daseins. Das, was sie empfindet, ist durchaus als Glück zu bezeichnen. Ingrid läßt ihre Gedanken schweifen.
Plötzlich, ohne daß sie irgend etwas vermutet hätte, bekommt sie von hinten einen Schlag auf den Kopf. Sie spürt gerade

noch den durchdringenden Schmerz, dann verliert sie das Bewußtsein.
Einige Menschen eilen herbei, fangen die niederstürzende Ärztin auf und halten den Patienten, der Ingrid niedergeschlagen hat, fest; es ist Willi, ein ganz junger Mann.
Sofort wußte Wolfgang, daß Willi in diesem Leben als seine Mutter existiert. Voller Staunen verfolgte ich nun die weiteren Berichte von Wolfgang.
Ich fragte ihn nach Ingrids Alter.
W.: „Sechsundzwanzig."
S.: „Was ist in deinem heutigen Leben passiert, als du sechsundzwanzig warst?"
W.: „Ich hatte mein Studium beendet und war nach Düsseldorf gezogen."
S.: „Was hat dich im Zusammenhang mit deiner Mutter zu der Zeit so fürchterlich verletzt?"
Diese Frage rief bei Wolfgang großes Erstaunen hervor, denn er hatte erwartet, daß wir in dem Lebensalter von sechsundzwanzig an der Trennung von seiner Frau arbeiten würden. Aus der Erinnerung fiel ihm keine Antwort ein. Wir müssen uns allerdings der Mutter widmen, da Ingrid den Schlag auf den Kopf durch Willi erhalten hat. Übertragen wir die Bildersprache, so heißt das, daß Wolfgang die nun zu heilende Verletzung durch seine Mutter zugefügt bekam.
Also baten wir sein Whole-Self, uns die Situation zu verdeutlichen. Da Wolfgang sich sehr gut darauf einschwingen konnte, kamen wir ausgezeichnet voran:
W.: „Ich ziehe nach Düsseldorf und schon bald darauf geht meine Ehe in die Brüche - für meine Mutter bin ich nun ein Versager. All meine Leistungen in Studium und Beruf zählen überhaupt nicht. Allein die Tatsache, daß ich von Frau und Eltern fortziehe, wird von Muttern registriert. Und ich will ihre Anerkennung, als wäre ich immer noch ihr kleiner Sohn, bin emotional darauf angewiesen, nun mehr denn je. Ich hatte geglaubt, ich als Mensch sei ihr wichtig, doch ich stelle fest,

daß meine Bedürfnisse überhaupt nicht zählen. Jetzt, wo ich ihr Verständnis und ihre Zuwendung besonders brauche, da ich die Trennung von Moni zu verkraften habe, zeigt sie mir ihre Ablehnung. Ich hatte gehofft, daß, wenn es mir furchtbar schlecht ginge, könnte ich zu Mutter zurückkehren. Aber sie enttäuscht mich emotional wahnsinnig."
S.: „Emotional hat sie dich enttäuscht, du kannst in der Not nicht zu ihr zurück, solche Vorstellungen zerstört sie mit Gewalt. Wie hat dir deine Mutter bisher ihre Liebe bewiesen?"
W.: „Über materielle Dinge. Sie kochte mein Lieblingsgericht, wenn ich kam. Oder sie hatte mir eine originelle Fliege gekauft, von der sie annahm, sie würde mir gefallen, die aber sicherlich nicht ihrem eigenen Geschmack entsprach."
S.: „Sie kann also nur über materielle Zuwendungen Liebe zeigen?"
W. verwundert: „Ja!"
S.: „Was machst du, wenn deine Bank sagt: 'Nichts geht mehr!' ?"
W.: „Dann geh ich zu Mama!"
S.: „Dann gehst du zu Mama, die endlich wieder die Gelegenheit erhält zu beweisen, daß sie ihren Wolfgang doch liebt."
Wolfgang sah mich, völlig erschrocken über diesen Zusammenhang, mit weit aufgerissenen Augen an. Urplötzlich hatte er erkannt, daß seine finanziellen Schwierigkeiten in dem ungelösten Mutterproblem begründet lagen.

Nun erzählte er mir von einem Telefongespräch, das am Abend zuvor mit seiner Mutter stattgefunden hatte. Wegen einer Lappalie hatte seine Mutter ihn von sich gewiesen, hatte wörtlich gesagt: „Wenn du meinst, an Allerheiligen Omas Grab nicht besuchen zu müssen, nur weil deine Ex-Frau auch auf dem Friedhof sein wird, bist du nicht mehr mein Sohn. Hast du denn vergessen, was Oma alles für dich getan hat?"
Wolfgangs Frage, was denn das Eine mit dem Anderen zu tun habe, also der Besuch von Omas Grabstätte zu einem

bestimmten Zeitpunkt mit dem Verhältnis der Mutter zu ihrem Kind, blieb unbeantwortet. Sie hatte Wolfgang damit sehr verletzt und war nicht bereit, dieser Entwicklung eine andere Wende zu geben.
Erneut hatte sie Wolfgangs Hang zur Abhängigkeit zerstört, obwohl sie sich über die Hintergründe ihres Handelns überhaupt nicht bewußt war.
S.: „Welch weise Frau. Nun wirft sie dich schon wieder aus dem Zug. Wie heißt er diesmal?"
W.: „Ja, ja, ich hab 's kapiert. Er heißt Abhängigkeit."
S.: „Dieser Liebesbeweis deiner Mutter schlug auch diesmal fehl, d.h., sie erstickte den Versuch im Keim, du kannst also auf keinen Fall mit deinen Geldproblemen zu ihr gehen, wenn sie dir sagt, du seist nicht mehr ihr Sohn. Wieder erhieltest du keinen Beweis ihrer Liebe zu dir. Und nun wünscht du dir, genau wie im ersten Past-Life, du seist tot."
Statt einer Antwort kamen Tränen.

Ich empfahl ihm, mittels eines „Pubertäts-Rituals"* nach Phyllis Krystal seine Abhängigkeitsprobleme mit seiner Mutter zu lösen. Und die Todessehnsucht wird ihre Macht über Wolfgang verlieren, wenn Wolfgang mit Hilfe der Whole-Self-Methode lernt, für sich und sein Leben die Verantwortung zu übernehmen.
Damit ist in Verbindung mit den hochwirksamen Whole-Self-Konzepten den alten Programmen und Mustern ihre Basis zu entziehen.

W.: „Was ich noch nicht verstehe, ist, daß meine Mutter ja nichts von meinen Geldsorgen weiß. Wie erklärt sich dann ihre Reaktion?"
S.: „Häufig haben sensitive Söhne diese Eigenschaft von ihren Eltern geerbt, auch wenn Mutter und Vater überhaupt kein

* Die Phyllis-Krystal-Methode; siehe dazu auch Seite 232.

Fitzelchen Empfindsamkeit zu besitzen scheinen. Und doch dringt in so unmöglichen Situationen, wie der des Telefonats, Mutters spirituelle Ebene durch und veranlaßt sie zu Handlungen, die erstmal keinen Sinn ergeben. Deshalb siehst du sie auch in Willis Gestalt als Insasse einer Nervenklinik."

Weitere Details aus dem Past-Life bedurften der Auswertung.
S.: „Wie empfindest du den Verlust des Bewußtseins damals in der Person der Ingrid in bezug auf dein heutiges Leben?"
W.: „Ja, ich habe mir nicht bewußt gemacht, was die Hintergründe dieser Situation waren. Ich begab mich völlig unreflektiert in die Rolle des Leidenden."
S.: „Welche Menschen fingen dich damals auf?"
Auch die Unterstützung, die Wolfgang zu der Zeit durchaus erhalten hatte, war ihm nicht bewußt gewesen, und er sah mich erneut voller Erstaunen an, ihm war im Moment nicht klar, daß ich lediglich die Bilder aus dem Past-Life übersetzte, um über diese Informationen verfügen zu können.

W.: „Es gab in der Tat Menschen, die mir meinen Kummer zeitweise ertragbar machten, d.h., die mich emotional nicht völlig auf den Hund kommen ließen. Damals hatte ich mich in der Amnesty-International-Gruppe in Düsseldorf stark engagiert. Es waren einige der anderen GruppenteilnehmerInnen."
S.: „Weshalb wähltest du ausgerechnet diese Richtung als dein Betätigungsfeld?"
W.: „Nun, ich empfand es als notwendig, etwas für Menschen zu tun, die wegen ihrer Überzeugungen verfolgt, eingesperrt und gefoltert werden."
S.: „Was hatte das mit dir zu tun?"
Pause. Unter diesen Gesichtspunkten hatte Wolfgang seine politischen Aktivitäten nie betrachtet.
W.: „Wenn du mich so direkt mit der Nase darauf stößt, dann muß ich da schon einige Zusammenhänge einräumen. Ich fühlte mich durch meine Mutter zu unrecht verurteilt, aber zu den

Begriffen eingesperrt und gefoltert kann ich keine Übertragungen finden."
S.: „Hast du einen Ausweg aus deinem Schmerz gesehen?"
W.: „Nein, darin war ich wohl gefangen, und die Qual, die dieser verursachte, kam der Folter schon sehr nahe."
S.: „Was lag also nahe?"
W.: „Ich versteh die Frage nicht."
S.: „Was kam dir in den Sinn, was du zur Linderung tun könntest?"
W.: „Lange Zeit nichts, ich beginne erst heute, über zehn Jahre später, daran zu arbeiten."
S.: „Aber du warst bei Amnesty organisiert."
W.: „Ja?!"
Pause.
W.: „Ah, damals habe ich wohl versucht, meine Probleme zu ändern, wenn ich mich im Außen, wo sich mir solche Dinge aufdrängten, engagiere."
S.: „Ja, damals war es dir unbewußt klar, daß du daran arbeiten mußt, du suchtest dir also ein Ventil, um den Druck nicht so stark spüren zu müssen."
W.: „Puh, das ist aber 'ne Menge an Stoff, der verarbeitet sein will!"
S.: „Wir sind noch nicht fertig."

Noch einmal führte ich Wolfgang zu seinem Past-Life als Ärztin in einer Nervenklinik.
Der Verdacht, daß das Bild: „Schlag auf den Kopf" noch näher angeschaut werden mußte, veranlaßte mich dazu, Wolfgang die Situation wiederholt rekonstruieren zu lassen.
Er hatte die Ablehnung seiner Mutter im Alter von sechsundzwanzig Jahren als sehr gewaltsam empfunden. Doch häufig ist so ein konkreter Hinweis direkt als körperliche Gewalt zu übersetzen, zumindest darf dieses Indiz nicht außer acht gelassen werden, auch dann nicht, wenn in der Handlungsweise der Mutter sich bereits eine recht logische Erklärung aufdrängt.

Wir gingen zurück zu Willi.
S.: „Aus welchem Beweggrunde heraus greift Willi die Ärztin an?“
W.: „Er hat Angst vor mir, glaubt, ich sei gefährlich für ihn.“
S.: „Was ist hinter der Angst?“
W.: „Er will nicht eingesperrt sein.“
S.: „Was fühlt Willi, wenn er dir auf den Kopf haut?“
W.: „Erleichterung, Wut und Zorn.“
S.: „Worauf basieren Wut und Zorn?“
W.: „Wut ist für ihn normal und richtig, damit ist er aufgewachsen. Er hat nichts anderes kennengelernt, und der Zorn gilt der Tatsache, daß er sich am falschen Ort befindet.“
S.: „Gibt es irgendeine Ebene bei dir, die damit einverstanden ist, daß er dir auf den Kopf haut?“
W.: „Ja, er gehört nicht in die Klinik.“
S.: „Was empfindest du Willi gegenüber?“
W.: „Schuld.“
S.: „Was ist hinter dieser Schuld?“
W.: „Das Wissen, daß ich ihm nicht helfen kann.“
S.: „Wie kommt er in die Nervenklinik?“
W.: „Es ist die Alternative zum Knast.“
S.: „Und du empfindest nun ein Schuldgefühl, weil du nicht 'ne Krankheit heilen kannst, die er gar nicht hat.“
W.: „Er ist doch noch so jung, fast noch ein halbes Kind.“
S.: „Was rührt dich daran?“
W.: „Daß einer, der geprügelt wird, nicht zurückprügeln darf. Da ist so was wie Verständnis.“
S.: „Wer prügelt dich?“
W.: „Mein Mann.“
S.: „Wer ist das?“
W.: „Er ist mir in diesem Leben noch nicht begegnet. Ich empfinde ihn als gewalttätig und jähzornig.“
S.: „Welcher Teil von dir braucht ihn?“
W.: „Die Erotik, miteinander zu schlafen.“
S.: „Wie geht das weiter mit euch?“

W.: „Er stirbt an TBC als ich sechsundzwanzig bin."
S.: „Was löst das bei dir aus?"
W.: „Zunächst bin ich heilfroh, daß er weg ist. Aber ich beurteile mich auch als sehr schlecht, weil ich mich über seinen Tod freue."
S.: „Geht Ingrid später noch eine neue Verbindung ein?"
W.: „Nein, sie bleibt allein, sie kommt mit der Gewalt nicht zurecht."
S.: „Welches Gefühl läßt sie in der Nervenklinik arbeiten?"
W.: „Der Wunsch zu helfen."
S.: „Das wäre auch in einem herkömmlichen Krankenhaus möglich gewesen. Wieso mußte es eine Nervenklinik sein?"
W.: „Es war wohl auch die Anziehungskraft, die gewalttätige Männer auf mich ausüben."

Wolfgang und ich arbeiteten die Details exakt aus. Wir übertrugen die Bildersprache des Past-Lifes wieder mit Akribie auf seine Situation.

Als Wolfgang fortgezogen war, hatte sich seine Mutter vor den engen Grenzen ihres Alltags gefürchtet. Wolfgang und Moni fehlten ihr nun sehr. Die jungen Leute vermittelten den Eltern zuvor bei ihren täglichen Besuchen das Gefühl, sie an ihrer freieren, lebendigeren Lebensart teilhaben zu lassen. Insbesondere die Mutter litt unter den Mauern ihrer kleinbürgerlichen Existenz, die sie dann besonders deutlich wahrnahm, als die Ablenkung durch Sohn und Schwiegertochter ausblieb. Und so trug ihre unbefriedigende Situation dazu bei, daß sie Wolfgang wegen seines Fortgehens bis ins Mark verletzte. Das also war im Past-Life Willis Angst vor dem Eingesperrtsein.

Wolfgang arbeitete bei Amnesty, um anderen Menschen zu helfen, Ingrid aus den gleichen Gründen in der Nervenklinik.

In Wolfgangs Bewußtsein war, er habe seine Frau verlassen,

aber sein Whole-Self drückte die Überzeugung aus, dieser Schritt sei von seiner Partnerin ausgegangen; denn im Past-Life stirbt Ingrids Mann, er geht von ihr fort. Da die Krankheit Tuberkulose die Lunge befällt, können wir daraus ableiten, daß eine Entscheidung gegen das Leben (hier Lebensfreude) getätigt wurde. Die Lunge steht als Organ für das Leben schlechthin. So erhalten wir erneut bestätigt, daß Monika die Lebendigkeit, die Wolfgang ausstrahlte, wohl nicht mehr ertrug und deshalb das Ende der Beziehung forcierte.

Ich fragte Wolfgang, ob während seiner Ehe körperliche Gewalt eine Rolle gespielt habe. Doch es war weder bei Streitigkeiten, noch in der Sexualität zu Gewalthandlungen gekommen. Das Liebesleben war ausschließlich von sanften Zärtlichkeiten und spielerischer Leichtigkeit erfüllt gewesen. Energetisch ließen sich im Alltag sehr der Gewalt ähnelnde Schwingungen registrieren, da in der Partnerschaft ständig die Machtfrage gestellt wurde. Für mich war nun noch nicht schlüssig, aufgrund welcher Basis das Whole-Self im Past-Life den gewalttätigen Ehemann inszeniert hatte.
So thematisierte ich Gewalt in Verbindung mit Sexualität noch einmal.
Und Wolfgang schilderte voller Selbstverurteilung seine Gewaltphantasien während erotischer Stimmungen.
Ich fragte ihn nach seinem letzten intimen Zusammensein mit einer Frau.
Antwort: „Vor drei Jahren."
Die häufig zu beobachtenden Zusammenhänge konnten wir auch hier wiederfinden, nämlich, daß ein Mensch masochistische Tendenzen entwickelt, wenn über so einen langen Zeitraum unnatürlicherweise Abstinenz geübt wurde.
Häufig können sich betreffende Personen dann nicht mehr vorstellen, körperlich auf zarte Berührungen zu reagieren. Durch das Abtrainieren von körperlichen Empfindungen

sieht das Bewußtsein, um eine Erregung auszulösen, Schmerzen als notwendig an.

Der so entstandene scheinbare Masochismus schockierte Wolfgang dermaßen, daß er sich unbewußt dazu entschloß, keine neue Partnerschaft mehr einzugehen. Das ist aus Ingrids Antwort im Past-Life auf die Frage zu entnehmen, ob sie noch eine neue Beziehung eingegangen sei. Die Antwort lautete: sie sei mit der Gewalt nicht klargekommen, und deshalb alleine geblieben.

Wolfgang hatte sich häufig gefragt, wieso es ihm seit Jahren nicht mehr gelungen war, eine Frau für sich zu gewinnen.

W.: „Wie kann das angehen, ich habe Frauen immer umworben, früher mit Erfolg, in den letzten Jahren nur noch mit Mißerfolg."

S.: „Du wirst sicherlich nonverbal eindeutige Zeichen gegeben haben, daß du in Wahrheit gar keine Beziehung willst, ja nicht einmal ein Abenteuer."

Nun, da Wolfgang von seinem nichtbewußten Entschluß gegen eine Partnerschaft erfuhr, war er froh, endlich eine plausible Erklärung für seine Mißerfolge beim anderen Geschlecht erhalten zu haben.

W.: „Aber wie werde ich den künstlich erzeugten Masochismus wieder los? Wo ich doch so lange keine Beziehung will, wie dieser noch spürbar ist und nach deinen Ausführungen nur eine Partnerin mich davon heilen könnte. Da beißt sich doch die Katze in den Schwanz."

S.: „Welch passendes Bild zu diesem Thema. Ich habe mich nicht präzise ausgedrückt. Eine funktionierende Partnerschaft wäre eine Möglichkeit, das Problem zu lösen. Wir werden noch speziell an deinem Muster: `Liebe gleich Schmerz´ arbeiten (hier nicht aufgeführt). Auch ohne so eine Psychoarbeit verlieren sich Gewaltphantasien von selbst, wenn du mit der täglichen Meditation fortfährst und mit dem Bestreben, deine Sinne weiterhin zu sensibilisieren. Denn dann wirst du auch wieder auf minimale Reize reagieren können. Durch unsere Arbeit wird sich nun der Zeitraum, bis sich der Erfolg einstellt, erheblich verkürzen."

Die Past-Lifes machten Wolfgang und mir deutlich, welche Blockaden ihn in seiner unbefriedigenden Situation gefangen hielten.
Er hatte Schuldgefühle seiner Ex-Frau gegenüber, glaubte, die Beziehung durch seinen Umzug zerstört zu haben, auch, wenn parallel zu diesem Schuldgefühl unbewußt das Empfinden seine Wirkung tat, aus seiner Beziehung gewaltsam ausgestoßen worden zu sein. Häufig sind in der therapeutischen Praxis so unterschiedliche Wahrnehmungen auf verschiedenen Ebenen anzutreffen. Wie hier, wo ganz tief im Whole-Self das Wissen besteht, die Partnerin habe die Beziehung beendet, während auf der Verstandesebene die Schuld für das Scheitern der Ehe im eigenen Verhalten gesucht wird.

Für Lösungsstrategien zu dieser Problemkonstellation ist es von eminenter Wichtigkeit zu sehen, wo welche Blockaden bestehen. Die Whole-Self-Methode baut auf folgender Erkenntnis auf: „Ich kann nur das ändern, wovon ich weiß, daß es zur Änderung ansteht."
Wenn ich nichts von solchen Blockaden und behindernden Glaubenssätzen weiß, sie mir nicht bewußt sind, kann ich an der Situation nichts ändern.
So mußte hier auch der Glaubenssatz, der unbewußt bereits nach der Zurückweisung durch die Mutter installiert worden war, ins Bewußtsein gehoben werden, der da hieß: „Wenn ich liebe, werde ich abrupt abgewiesen und ausgestoßen."
Diesen Glaubenssatz bewies sich Wolfgang erneut in seiner Ehe mit Monika.
Wolfgang spürte nun instinktiv die Gültigkeit der Whole-Self-Gesetze, ohne sie bereits bewußt übertragen zu können. Er hatte Widerstand gegen diese plötzliche Zurückweisung emp-

funden und sich gleichzeitig als den Schuldigen daran verurteilt. Und so würde er diese Sequenz, erst Liebe, dann Zurückweisung, dann Einsamkeit, erneut anziehen. Sein Glaubenssatz über die Liebe führte ihn in die Partnerlosigkeit, da er nicht noch einmal dieses emotionale Chaos erleben wollte; sexuelle Gewaltphantasien verfestigten die Partnerlosigkeit noch. Jeder der beiden Punkte wäre allein schon ein ausreichender Grund gewesen, keine neue Beziehung mehr einzugehen.
Wird eine einmal geschaffene unglückliche Situation doppelt „abgesichert", ist zu vermuten, daß die Gefühle, die daraus entstehen, einen wichtigen Lernschritt für die Betroffenen darstellen. Hier wird es sehr wichtig sein, daß Wolfgang sich mit Einsamkeit/Kontakt, Alleinsein/Verbundensein auseinandersetzt.
Aus seinem Unglücklichsein sah Wolfgang in den vergangenen zehn Jahren keinen Ausweg. Nach seinen bisherigen Erfahrungen bliebe das Ergebnis, wie er sich in puncto Beziehungen auch entscheiden würde, stets gleich.

- Gemäß seines Glaubenssatzes führte Liebe zu einem unvorhersehbaren schmerzhaften Ende und zu Einsamkeit, ohne daß er die Möglichkeit sah, daran etwas zu ändern.
Die Zurückweisung durch die Mutter konnte von ihm nicht beeinflußt werden, denn sein Erwachsenwerden lag nicht in seiner Macht.
Die Schwierigkeiten mit seiner Frau konnte er auch nicht steuern, denn seine Intelligenz und die Fähigkeit, tiefe Gefühle empfinden und ausdrücken zu können, lassen sich nicht verbergen, auch wenn Wolfgang diese Eigenschaften nie bewußt hervorkehrte.
- Alternativ zur Liebe und Partnerschaft konnte er sich für Partnerlosigkeit entscheiden, was ebenfalls Einsamkeit hervorrief und Schmerzhaftigkeit implizierte.

So hat Liebe/Partnerschaft genauso wie Partnerlosigkeit unangenehme Begleiterscheinungen zur Folge.

Wenn zwei Möglichkeiten zur Entscheidung stehen und beide negative Konsequenzen nach sich ziehen, führt das dann zu Lethargie und Depression, was in Wolfgangs Leben durch Fernsehen mit Suchtcharakter in Erscheinung trat, und seine depressiven Phasen hatte er ja schon zu Beginn unserer Arbeit angegeben.

Da sich der ganze Komplex Wolfgangs Bewußtsein entzog, konnte er bislang auch nichts an der Problematik ändern.
Direkt im Anschluß an die Whole-Self-Methode hatte Wolfgang schon einen ersten Erfolg zu verzeichnen.
Wolfgang konnte sich bereits wieder auf einen kleineren Flirt einlassen.

Beim ersten Past-Life ist auffällig, daß dieses Leben noch nicht sehr weit zurück liegt. So ist es unmöglich, daß Wolfgangs Mutter im 2. Weltkrieg als sein damaliger Vater gelebt haben kann. Sie war zu dem Zeitpunkt des Geschehens bereits 15 Jahre alt.

(Solche Zeitüberschneidungen sind auch dann erklärbar, wenn wir das Parallelweltenmodell einbeziehen.
Danach existieren gleichzeitig zig verschiedene Welten parallel und die Individuen jeweils in ihnen.
Also wäre es danach durchaus möglich, in der einen Welt als Säugling zu leben, während diese Person in einer anderen der Parallelwelten bereits als Teenie erste Parties besucht.)

Wolfgang war seinem Whole-Self für die klare Darstellung seiner Situation sehr dankbar. Durch diesen direkten visuellen Ausdruck konnten seine verborgenen, sich dem Bewußtsein völlig entziehenden Blockaden erkannt und bearbeitet werden.

Es ist für das Therapieergebnis absolut bedeutungslos, ob ein „echtes“ Past-Life ausgewertet werden müßte, also eventuell

tatsächlich Erlebtes, oder ob eine Bildersprache des Unterbewußtseins die zu behandelnde Problematik verdeutlicht.
Von daher müssen sich weder die Whole-Self-TherapeutInnen-noch diejenigen, die diese Past-Lifes erfahren, festlegen, ob sie nun daran glauben, daß es vergangene Leben gibt und die empfangenen Bilder diesen entsprechen, oder nicht.
Von Bedeutung ist lediglich, daß die aufgetretenen Bilder entsprechend ausgewertet werden.

*

Im Umgang mit anderen Menschen lassen sich persönliche Schwierigkeiten besonders schnell und deutlich orten, da die Reaktion unserer Mitmenschen auf uns unsere Ausstrahlung widerspiegelt.

So erging es auch Sonja. Sie hatte als sensible Frau den Beruf der Lehrerin auszufüllen. Im Umgang mit ihren Mitmenschen spürte sie recht bald Blockaden, die sich sowohl beruflich, als auch privat durch anhaltende Schwierigkeiten darstellten.

Sonja, die ein hohes Maß an Selbstbestätigung aus ihrer erfolgreichen beruflichen Tätigkeit zog, litt zunehmend darunter, daß sie sich nun sehr schwer tat in ihrer Arbeitswelt.
In ihrem Privatleben wollte sich keine Freude mehr einstellen. Selbst nicht auf ihren sonst so vielgeliebten Reisen.

Sonja hatte durch ausgiebige Therapieerfahrung gelernt, daß sie belastende Gefühle am besten bewältigen kann, indem sie sich diesen Gefühlen stellt. Sie war von daher bereit, ihren privaten Kummer so lange zu durchleben, wie es notwendig sein sollte. In ihrem Beruf mochte sie jedoch keine Erfolgseinbußen, hervorgerufen durch trübe Stimmungen, hinnehmen. Und so wünschte sie, ihren Prozeß durch die Whole-Self-

Methode zu beschleunigen; sie wollte mit Hilfe dieser Therapieform hinsehen, wo genau ihr Problem lag.

Vor einem dreiviertel Jahr hatte Sonja sich von ihrem Mann getrennt.
Nach zehnjähriger Ehe, die mit vielen Höhen und Tiefen verlaufen war (wobei die Tiefen sehr viel ausgedehnter und prägnanter als die Höhen zu Buche geschlagen waren), hatte sie zuletzt keine Chance mehr für ein Fortbestehen der Partnerschaft gesehen und diese mit großem Schmerz beendet.
Einige Zeit später begab es sich, daß ein langjähriger Freund von ihr, mit dem sie sich bislang recht liebevoll verbunden gefühlt hatte, auch seine Beziehung zu seiner Partnerin beendete.

Sonja und ihr Freund Jan hatten in der Vergangenheit auf allen Ebenen, außer auf der körperlichen, einen wunderbaren Austausch gelebt. Sie waren in der Lage gewesen, sich auf der emotionalen, mentalen und spirituellen Ebene zu begegnen, konnten sich sehr harmonisch miteinander einschwingen.

Nun verliebte sich Sonja in Jan, bzw. ließ sie den Zustand des Honey-Moon zu, was sie sich vorher nie genehmigt hatte. Solche Gefühle zu anderen Männern hatte sie während ihrer Ehe stets blockiert, wohl aus dem Wissen heraus, daß die Ehe, die ihr sehr wichtig gewesen war, dann ganz sicher keine Chance mehr gehabt hätte, es war eh schon schwierig genug gewesen.
Nach der Trennung von ihrem Mann stand einem Austausch auf der körperlichen Ebene zwischen Sonja und Jan nichts mehr im Wege.
Sonja verführte Jan, und Jan hatte nichts dagegen einzuwenden.
Es waren großartige Erfahrungen für Sonja, so eine tiefe Ver-

bindung mit einem Menschen zu erleben, und Energiefluß auf allen Ebenen zu spüren.
Sonja genoß ihr Glück.

Doch schon nach wenigen Wochen stellten sich Ereignisse ein, die die positiven Gefühle trübten. Immer häufiger waren in der Verbindung zu Jan Gefühle von Schmerz, Traurigkeit und Leid zugegen.
Irgendwann, es waren seit Beginn ihrer so hoffnungsvoll begonnen Love-Story erst wenige Monate vergangen, ertrug Sonja die mittlerweile weit überwiegenden belastenden Gefühle im Zusammenhang mit Jan nicht mehr. Sie beendete die Liebesbeziehung und litt gleichzeitig fürchterlich darunter, sich von dieser Seele verabschiedet zu haben. Obwohl sie diesen Schritt tat, fühlte sie sich unendlich verlassen.
Sie konnte tausendundeinen Grund dafür nennen, warum Jan und sie gescheitert waren; und doch war von Verstehen keine Spur. Sie, als sehr mental ausgerichtete Frau, litt nun außerdem darunter, daß ihr der eigentliche Grund des Scheiterns verborgen geblieben war. Nach ihrem Verständnis waren Jan und sie zwei Menschen, die ideal zueinander gepaßt hatten, gleichzeitig wußte sie, daß weder sie noch er es ertragen hätten, miteinander zu leben.
Häufig erinnerte sie sich an die wunderbaren Stunden, die sie miteinander verbracht hatten; und doch hatten sie einander sehr wehgetan und sich gegenseitig tiefe Verletzungen beigebracht. Die Schmerzen, die Sonja dabei Jan zugefügt hatte, konnte sie selber kaum ertragen.
Daß es so nicht hatte weitergehen können, war ihr klar, aber warum, das konnte sie nicht verstehen.

Sonjas Past-Life dazu:
Sonja lebt im Jahre 1536 als Marie und liebt einen Steuermann. Beide verstehen einander ausgezeichnet, kommen auf allen Ebenen sehr gut miteinander zurecht.

Der Seemann geht eines Tages wieder auf große Fahrt.Marie bleibt daheim und geht ihrer Arbeit nach, der Erziehung ihrer zahlreichen Kinder.
Irgendwann wird das Schiff, mit dem der Steuermann ausgelaufen ist, wieder gesichtet. Marie eilt voller Freude in den Hafen, während das Schiff einläuft. Alle Männer stehen an der Reling. Nur nicht der Steuermann. Er ist bei einem Sturm über Bord gegangen.
Marie wendet sich ab und geht nach Hause. Keine Trauer, keine Tränen, sie schließt ihr Herzzentrum und widmet sich wieder ihren Aufgaben.
Zurück bleibt eine Frau gefangen in Hoffnungslosigkeit.
Hier endet das Past-Life.

Da es uns für die weitere Arbeit sehr interessiert, wie es weitergeht, fühlt sich Sonja erneut in das Past-Life ein.

Marie erledigt ihre Arbeit wie gewohnt, nur mit dem Herzen ist sie nicht mehr dabei. Sie funktioniert wie eine Maschine. Ihren Kindern reicht das nicht. Auch wenn Marie ihre Trauer nicht aktiv lebt, spüren die Kinder ihre Veränderung sehr deutlich. Sie brauchen für ihre gesunde seelische Entwicklung dringend die liebevolle, fröhliche und glückliche Mutter von früher zurück. Sie wollten ihre Mutter wieder so phantasievoll und mit Esprit, wie sie sie bislang kannten.

Tauchen Naturgewalten in einem Past-Life auf, so ist das ein Zeichen dafür, daß die Betroffenen ihre Beteiligung an dem Verlauf der Geschehnisse nicht erkennen können. Sie fühlen sich dem, was geschieht, so hilflos ausgeliefert, wie bei einem Unwetter, für dessen Entstehen sie sich auch nicht verantwortlich fühlen, und dessen Verlauf sie glauben, nicht beeinflussen zu können.
So war es Sonja nicht klar, welchen Teil sie zum Scheitern ihrer Love-Story beigetragen hatte. Sie fühlte sich dem, was

Sturm und Meer angerichtet hatten, machtlos gegenüber. Daß sie zum Entstehen des Unwetters beigetragen hatte, dafür gesorgt hatte, daß sich die Wellen so hochschaukeln konnten, und sich das schwere Wetter zusammenbrauen konnte, war ihr gar nicht bewußt. Und damit konnte sie auch nicht die Verantwortung dafür übernehmen.

Wasser und Schiffe stehen in der Bildersprache für Gefühle. In ihrem Whole-Self waren es die Gefühle, die ihr den geliebten Mann nicht zurückgebracht hatten.
Treffen sehr unterschiedliche Temperaturen wie Hitze und Kälte aufeinander, läßt die Natur ein Unwetter entstehen. In der Beziehung waren die auseinanderklaffenden Gefühle wie Liebe und Getrenntsein der Grund für Turbulenzen auf der emotionalen Schiene.
Sonja hatte Jan gegenüber ihrer Liebe zaghaft Ausdruck verliehen, doch wie war sie mit ihren belastenden Emotionen umgegangen? Fühlte sie sich von Jan angegriffen, gab sie um keinen Preis die Verletzung zu, sondern retournierte diese postwendend und zielte dabei exakt auf seine Schwachpunkte. Da sie ihn genau kannte, konnte er sich kaum davor schützen, daß sie ihm arg wehtat.
Sonja hatte seit Beginn des sexuellen Austausches etliches an herabziehenden Situationen im Zusammenhang mit Jan erfahren. Sie lebten beide das Muster: „Liebe gleich Schmerz“, und er fügte ihr einiges zu, das sie mit Macht zurückschleudern konnte.
Dieses Gefälle zwischen angenehm und schmerzhaft, die Extreme zwischen Liebe und Verletzung und die sich daraus entwickelnde Zerstörungskraft drückte Sonjas Whole-Self durch ein vernichtendes Unwetter auf See aus.
Jan verlor im Past-Life sein Leben im Unwetter, daraus können wir schließen, daß sowohl Jan als auch Sonja große Angst vor den tiefen Gefühlen hatten, zu denen sie fähig waren, belastend wie erhebend, und sie als lebensbedrohend einordneten.

Nun wird sich manche/r LeserIn fragen, wie denn Gefühle und Emotionen das Leben eines Menschen in Frage stellen können. Nun, häufig bilden Leute, die ein bestimmtes Gefühl nicht ertragen können, oder sich einer verhafteten Emotion gegenüber regelrecht ausgeliefert fühlen, eine psychosomatische Krankheit aus, oftmals Krebs*. Nicht das Gefühl bedroht das Leben eines Menschen, sondern die spezielle Reaktion auf dieses Gefühl, oder auf diese Emotion.

Sonja hatte, analog zu Marie im Past-Life, das Ende der Beziehung nicht betrauert.
Sonja hatte durch das Schließen ihres Herzzentrums vermeiden wollen zu fühlen, was dieser Abschied mit ihr machte. Dadurch blockierte sie ihre Liebesenergien, damit ihr so ein abruptes Ende einer Beziehung in Zukunft erspart bliebe.

Dieses Fühlen kann sich kein Mensch ersparen. Kommen so deutliche Hinweise, daß das gerade vermieden werden sollte, ist mit dem Zulassen der Gefühle und Emotionen eine Heilung der Verletzungen verbunden. Sonja mußte sich sowohl in Marie und ihren Schmerz einfühlen, wie auch in ihre eigene Situation nach dem Abschied von Jan und hatte alles das zuzulassen, was da hochkommen wollte.

Erst eineinhalb Jahre später konnte sie wieder zulassen, ihr Herz weit zu öffnen.
Erneut gab ein Mann den Anstoß zu einer Veränderung. Nur diesmal in die andere Richtung, ihr Herz wurde offen wie ein Scheunentor.
Im Past-Life mußte Marie die Situation bewältigen, ohne daß es eine Möglichkeit gab, etwas zu ändern.

* Empfehlenswert dazu Dr. med. Ryke Geerd Hamer: „Vermächtnis einer neuen Medizin“, Amici di Dirk Verlagsgesellschaft, Köln.

Und auch in Sonjas Realität gab es keinen Weg, den sie hätte beschreiten können, um an die guten Zeiten mit Jan anzuknüpfen. Dazu lebten sie beide in zu unterschiedlichen Welten. Sie hatte bereits Kinder und eine präzise Vorstellung von dem, was sie vom Leben erwartete. Er wünschte sich eine Frau, um mit ihr eine eigene Familie zu gründen, eine Frau, die bereit ist, mit ihm gemeinsam Kinder zu bekommen. Er wollte auf keinen Fall die Kinder eines anderen Mannes großziehen, für sie die Verantwortung übernehmen, die er häufig nichtmals für sich selbst übernehmen mochte. Beide, Sonja und Jan, waren sich sehr bewußt, daß sie nicht dafür geeignet waren, miteinander einen weiten Weg im Leben zu gehen. Außerdem hatten die Verletzungen, die Sonja von Jan erfahren hatte, Narben hinterlassen, die, wenn auch weitestgehend verheilt, doch noch für lange Zeit nachschmerzen würden.

Bislang hatte Sonja nicht gelernt, wie sie in einer künftigen Beziehung einen glücklichen Fortbestand derselben würde sichern können.
Sonjas Wirkung auf Männer war verblüffend. Sie zog Männer aller Altersklassen an. Sie wirkte äußerlich eher unscheinbar. Und ihre Ausstrahlung auf das andere Geschlecht war ihr eher unangenehm, was sie auch noch unsicher erscheinen ließ. Sie wollte einfach nicht so viele Männerherzen enttäuschen müssen. Was genau Männer an ihr so anziehend fanden, wußte sie nicht. Sie staunte nur über die zahlreichen Gelegenheiten, die sich ihr für neue Amouren boten, obwohl sie eigentlich sehr zurückgezogen lebte. So sah sie sich ständig mit der Frage konfrontiert, wie und welche Beziehungen auf Dauer Bestand haben können.

Also betrachteten wir das nächste Past-Life, um weitere Informationen zu erhalten.
Dazu erst eine Vorgeschichte. Sonja erzählte, daß sie ein déjà vu Erlebnis gehabt habe, als sie hockend auf dem Fußboden

eine Arbeit verrichtete und ihr Sohn unerwartet neben ihr auftauchte, mit derben Schuhen bekleidet. Sie hatte sich zunächst nicht getraut, sich in dieses Erlebnis hineinfallen zu lassen. Doch beim wiederholten Schrecken, als der Junge erneut plötzlich neben ihr stand, ließ sie es zu:

Sonja sieht sich als Andenindianerin auf dem Boden hockend eine Arbeit verrichten. Sie konzentriert sich auf diese Tätigkeit und schaltet die Wahrnehmung für andere Sinneseindrücke ab, vergißt die Umgebung.
Plötzlich sieht sie ungewöhnliches Schuhwerk neben sich auftauchen. Sie erschrickt, denn sie hat niemanden kommen hören und solche Schuhe sah sie niemals zuvor. Sie blickt an dem Menschen neben sich hoch. Alle Angst fällt augenblicklich von ihr ab. Sie nimmt einen Mann mit einer wunderbaren Ausstrahlung von Liebe und Harmonie wahr. Er sieht nicht so aus, wie die Männer, die sie kennt, klein, mit dunkler Haut und schwarzen Haaren. Er ist riesig groß und strahlt so hell, daß er fast transparent wirkt. Wie ein Bewohner von einem anderen Stern.
Die junge Indianerin beginnt augenblicklich, diesen ungewöhnlichen Mann zu lieben. Sie beide leben miteinander über einen kurzen Zeitraum. Die Erfahrungen, die die junge Frau durch diese Liebe macht, sind unbeschreiblich schön und bewußtseinserweiternd. Ihr ganzes Weltbild ändert sich dadurch. Hatte sie bislang von den alten Weisen des Stammes auch immer vernommen, sie sei kein Einzelwesen, so wußte sie nie, wie das denn gemeint war. Sie begriff sich bislang als selbständig, getrennt von allen anderen in ihrer Umgebung. Durch die Liebe und die Sexualität mit dem leuchtenden Wesen erlebt sie die Verbundenheit, nicht nur mit dem Mann, sondern erfährt sich auch als Teil ihrer Umgebung. Sie spürt während der körperlichen Liebe mit dem ungewöhnlichen Mann, wie sich ihr Körper scheinbar auflöst und sie sich mit allem, was da ist, vereinigt, mit ihrer Umgebung fühlt sie sich eins. All

das, was ihr die LehrerInnen kognitiv nicht zu vermitteln wußten, spürt sie nun „am eigenen Leibe“, dadurch, daß sie den Eindruck gewinnt, ihr Körper löse sich einfach auf und sie schwebe über der Szene, völlig ausgebreitet und verbunden mit allem und allen. Sie weiß jetzt, daß sie kein Einzelwesen ist, nicht so ein Individuum, wie sie es bislang immer in ihrer Realität zu erfahren glaubte, sondern sie hatte selber gespürt, erfahren, gefühlt, empfunden, was Einssein bedeutet.
Doch schon bald verabschiedet sich dieses Wunderwesen wieder von ihr. So plötzlich, wie der Mann in ihr Leben tritt, verschwindet er auch wieder daraus.
Zwar kann die Indianerin jederzeit den Kontakt zu diesem Mann in ihrem Whole-Self herstellen, auf der Whole-Self-Ebene gibt es keine Begriffe von Raum und Zeit, doch daß der Mann ihr auf der körperlichen Ebene fehlt, empfindet sie sehr heftig.
Ohne diesen Partner mag sie nicht mehr an die beglückenden Erfahrungen des Einsseins anknüpfen. Sie blockiert ihr Wissen und ihre Gefühle, die damit verbunden sind, quält sich mit Fragen, warum er sie verlassen muß.

Dieses Past-Life läßt einen Glaubenssatz von Sonja erkennen, der ihr Beziehungsleben nicht gerade vereinfacht. Unbewußt glaubt sie, daß ‘Mann’ sie bald verlassen wird, wenn sie sich in der Liebe wirklich hingibt, was ihr Whole-Self durch den frühen Abschied des Geliebten ausdrückt.
Nach dem 2. Whole-Self-Gesetz, wonach wir uns das, was wir wirklich glauben, auch beweisen werden, wird Sonja sich das in jeder Beziehung erneut beweisen, bis sie diesen Glaubenssatz ändert. Bislang war das nicht möglich, da ihr dieser Glaubenssatz nicht bewußt war. Ändern können wir nur das, wovon wir wissen, daß wir es zu ändern haben.

Wenn wir nun Sonjas Ehe nach diesem Gesichtspunkt untersuchen, verwundert es, daß das Ende erst nach Jahren in Erschei-

nung trat. Die Erklärung dafür ist einfach: Sonja lebte erst zum Schluß der Ehe Liebe und Hingabe. Nun erklärt sich auch, daß eine Frau wie Sonja, die in Therapien seit Jahren gelernt hat, wie sinnvoll mit Konflikten umzugehen ist, nicht in der Lage war, anders auf die Probleme mit Jan zu reagieren, als diese hochzuschaukeln. Ihr Whole-Self steuerte zielstrebig das Ende der Love-Story an, nachdem Sonja Liebe und Hingabe zuließ.
Bleibt noch zu untersuchen, welche Rolle Jan denn eigentlich dabei spielt. Nach den Bildern des ersten Past-Lifes waren es seine Gefühle (Schiff und Meer), die ihn nicht zu ihr zurückbrachten.
Sonja hatte Jan nicht zufällig gewählt. Wir alle suchen uns jeweils solche PartnerInnen, die uns helfen werden, etwas über unsere Muster und Glaubenssätze zu lernen. So wählte Sonja mit Jan einen Mann aus, der sich vor tiefen Gefühlen fürchtete. All seine früheren Partnerinnen ließen in der Beziehung zu ihm Liebe nicht zu. Als er nun diese ach so benötigte Gefühlsqualität von einer Frau erhielt, deren Art zu leben ihm auch noch Angst machte, blieb ihm nur die eine Möglichkeit, emotional nicht zu ihr zurückzukehren. Denn das, was wir am dringendsten benötigen, fürchten wir häufig auch am meisten.
Sehen wir bei einem Partner ein Muster sehr deutlich, so wie hier bei Jan die Angst vor tiefen Gefühlen, dann müssen wir davon ausgehen, daß dieses Muster auch die Partnerin begleitet. Übertragen wir so offensichtlich in Erscheinung tretende Muster auf unsere eigenen Beziehungen, so stellen wir fest, daß wir bei unserem Gegenüber so etwas sehr viel leichter analysieren können als bei uns selbst. Also wird Sonja neben dem fatalen Glaubenssatz, nach Liebe und Hingabe verlassen zu werden, auch noch wegen der Angst vor tiefen Gefühlen und der Angst vor Nähe Blockaden in ihren Beziehungen erleben.

Diese Ängste waren Sonja überhaupt nicht bewußt. Sie war der Ansicht, bestünden derartige Blockaden, sei eigentlich ein Übertragen davon auch auf andere zwischenmenschliche

Beziehungen unvermeidbar. Sie konnte sich nicht vorstellen, daß so tiefgreifende Ängste ausschließlich im partnerschaftlichen Bereich wirken könnten.
Bei der näheren Betrachtung von freundschaftlichen Bindungen stellte Sonja dann fest, daß sie wohl in der Lage war, tiefe Gefühle zu Freundinnen und Freunden über Jahre aufrecht zu erhalten, doch wenn sie Bilanz zog, mußte sie feststellen, daß diese Freundschaften häufiger in die Brüche gingen, als sie das bei ihren Mitmenschen beobachten konnte. Wenn sich wieder einmal ein langjähriger Freund oder eine langjährige Freundin von ihr verabschiedete, meistens auf eine weniger sanfte Art und Weise, fühlte Sonja sich tief betroffen und verlassen.

Um die Muster dahinter deutlich zu machen, beschlossen wir, dazu ein eigenes Past-Life zur Hilfe zu nehmen.
Doch zunächst wollen wir die drückendsten Gefühle aus den vergangenen beiden Past-Lifes unter die Lupe nehmen.
Sonja erfuhr dieses Verlassenheitsgefühl sowohl mit Partnern als auch mit FreundInnen. Es wird wichtig für sie sein, den Widerstand gegen dieses Gefühl (Verlassenheit) aufzugeben, um darüber etwas zu lernen.
Wie gehen wir im allgemeinen mit so wenig erhebenden Gefühlen um? Nun, wir bemühen uns, sie nicht so deutlich zu spüren. Wir lassen uns unzählige Möglichkeiten einfallen, um uns abzulenken. Das geht über Kaffee, Zigaretten, Alkohol, Süßigkeiten (vor allem Schokolade) und Aktivitäten, um nur eine kleine Auswahl anzuführen.
In der Whole-Self-Methode nennen wir das: einem Gefühl widerstehen.
Im Gegensatz dazu können wir auch ein Gefühl annehmen, uns diesem Gefühl mit allen Konsequenzen stellen. Das geht aber nur, wenn wir nicht versuchen, mit einer Zigarette ein kleines Ablenkungsmanöver zu starten, oder erst mal einen Kaffee genießen, bis dieses dumme drückende Gefühl etwas von seiner Intensität eingebüßt hat. Nehmen wir dieses Gefühl,

hier Verlassenheit, an, spüren wir auf allen Ebenen, wie dieses Gefühl in der Lage ist, uns in allen Bereichen zuzusetzen. Sind wir bereit, uns diese Auswirkungen physisch, emotional, mental und spirituell bewußt zu machen, das heißt, sie auf jeder Ebene zu beleuchten, wobei das Fühlen eminent wichtig wird, dann erkennen wir, was wir durch dieses Gefühl oder durch die Situation lernen sollen.
Dieses Bewußtmachen fällt vielen Menschen zunächst schwer. Es kann dabei sehr hilfreich sein, sich vorzustellen, wir stünden neben uns und beobachteten uns, wie diese Gefühle uns auf den verschiedenen Ebenen beeinträchtigen. Sobald es uns möglich ist, uns quasi von außen zu betrachten, entfällt jede Identifizierung mit den Gefühlen, die wir so untersuchen.
Ich möchte Ihnen, liebe/r LeserIn, empfehlen, bei dem nächsten unangenehmen Gefühl, bei der nächsten belastenden Emotion, das Experiment zu wagen, wie hier beschrieben, mit den Gefühlen und Emotionen zu verfahren.
So ist es uns möglich zu erfassen, was bislang in ähnlichen Situationen mit uns geschah, und dann kann die Erkenntnis erfolgen, warum wir immer wieder ähnliche Situationen angezogen haben, in welchen solche Gefühle eine Rolle spielten.
Können wir dann diese Erkenntnis vorbehaltlos annehmen und umsetzen, müssen wir das dazugehörige Gefühl nicht mehr fühlen.
Das bedeutet für Sonjas Leben, sie wird nicht mehr so häufig von Menschen verlassen, die ihr wichtig sind, oder/und sie erhält die Fähigkeit, erneut an die Erfahrungen aus dem zweiten Past-Life (Einssein) anzuknüpfen, wenn sie sich der Verlassenheit stellt. In beiden Fällen fühlt sie die Gefühle von Verlassenheit nicht mehr, denn es ist unmöglich, sich gleichzeitig mit jemandem eins und verlassen zu fühlen.

Mit einem großen zeitlichen Abstand betrachteten wir Sonjas nächstes Past-Life, das in Verbindung mit freundschaftlichen Beziehungen steht.

Sonja erlebt sich als Mann, der durch die Welt wandert. Sein Name ist Walter. Wohlhabend und gebildet genießt er sein Leben.
Ein etwas jüngerer, gutaussehender stiller Mann namens Jakob gesellt sich zu ihm, begleitet ihn auf seiner Wanderschaft und lernt viel durch Walters Lebensphilosophie.
Bewundernd und etwas neidvoll registriert Jakob, daß seinem Freund Walter alle Frauenherzen zufliegen. Jakob versteht nicht, was Frauen an diesem zwar freundlichen, jedoch auch älteren Mann so fasziniert. Ihn, den jungen, hübschen und sorgfältig gekleideten Mann übersehen sie einfach.
In regelmäßigen Abständen richtet Walter es ein, daß sie in eine bestimmte Gegend wandern, um Marie zu besuchen. Jakob spürt die tiefe Liebe, die Walter für diese zarte junge Frau empfindet. Auch er liebt Marie, behält jedoch seine Gefühle für sich, ja versucht krampfhaft, diese zu verbergen. Denn er gesteht weder sich noch anderen ein, daß er am liebsten Marie für sich gewinnen möchte. Er vermutet, Walter und Marie verbinde eine Liaison.
Walter klärt Jakob nicht über seine wahre Beziehung zu Marie auf. Marie und er teilen miteinander ein Geheimnis. Marie ist Walters Tochter. Diese Tatsache darf aber nicht bekannt werden, da Maries Mutter einen anderen Mann heiratete, als sie wußte, sie erwartet ein Kind von Walter. Dieser war ihr damals zu jung, außerdem bemühte sich ein Mann mit Amt und Würden um sie, und sie hoffte, sich durch diese Heirat gesellschaftlich zu verbessern. Marie wuchs in einem frostigen familiären Klima auf. Noch immer vermißt sie Wärme und Liebe. Wenngleich sie schon lange nicht mehr bei der Mutter und deren Mann wohnt, hat sie diese zwischenmenschliche Kälte noch immer nicht überwunden. Marie sehnt sich nach Liebe und Geborgenheit. Walter bietet ihr all das, was sie bislang vermißte. Doch Marie fürchtet sich davor, von Walters Liebe abhängig zu werden und dadurch erpreßbar zu sein; sie hat nie erfahren, daß wahre Liebe nicht an Bedingungen geknüpft

ist. Und Marie weist Walters väterlichen Gefühle zurück. Walter muß dann weiter wandern, denn er erträgt Maries Nähe nicht, wenn er ihr seine Liebe nicht zeigen darf. Und doch zieht es ihn immer wieder zu Marie zurück, sein Vaterherz leidet bei dem Gedanken an das Unglücklichsein der Tochter, in dem Bewußtsein, den Schlüssel zu ihrem Glück zu besitzen.
Jakob erkennt die Tragik in der Beziehung zwischen Marie und Walter. Er ordnet sie jedoch völlig falsch ein. Jakob glaubt, Walter mache als Liebhaber Marie unglücklich. Außerdem gönnt er Walter Marie nicht. Walter könnte doch zig Frauen haben, wieso muß er sich ausgerechnet an die eine hängen, die Jakob liebt. Diese Gefühle wühlen Jakob auf. Jakob spricht überhaupt nicht darüber und versucht sogar, seinen Neid und die Eifersucht unter Verschluß zu halten. Und so entwickeln sie eine ungeahnte Dynamik. Der Druck steigert sich in Jakob maßlos, er kann ihn kaum noch aushalten.
Eines Tages verlassen Walter und Jakob zufällig gleichzeitig das Haus, sie treten gerade in den Sonnenschein hinaus, befinden sich auf der Türschwelle. Walters Gedanken sind bei Marie, mit der er verabredet ist. Jakob fragt Walter, was er nun vorhabe, und Walter antwortet, er gehe zu Marie. Mit Macht explodieren die unter Verschluß gehaltenen Gefühle Jakobs. Er zieht sein Messer aus der Scheide und sticht es Walter in der Rücken. Walter bricht zusammen, Jakob hat ihn mitten ins Herz getroffen.

Als erstes ist nach diesem Past-Life ein EKG erforderlich. Gibt das Whole-Self ein Bild frei, daß ein bestimmtes Organ verletzt wurde, ist eine medizinische Abklärung obligatorisch. In diesem Fall bestätigte der Arzt den Hinweis. Sonjas EKG zeigte einige Auffälligkeiten.
Nachdem der wichtigste Punkt, die Untersuchung des Herzens, vorangestellt wurde, gehen wir nun chronologisch bei der Auswertung der Bilder und Symbole vor.

Wieso wechselt Sonja hier im Past-Life das Geschlecht? Häufig erhalten wir dadurch den Hinweis, daß eine Frau im Leben überwiegend den archetypisch männlichen Part übernimmt. Das konnte Sonja durchaus auch bestätigen. Sie war bemüht, den Kindern nicht nur eine gute Mutter zu sein, sie versuchte außerdem, ihnen den Vater zu ersetzen. Schon früh im Leben hatte sie gespürt, daß Frauen in dieser patriarchalischen Gesellschaft den schwierigeren Part zu erfüllen haben, und sie entwickelte die Eigenschaften, die Männern üblicherweise zugesprochen werden.

Walter wandert durch die Welt. In der spirituellen Terminologie wird der Begriff: „Weltenwanderer" auf Menschen angewendet, die sich in den verschiedenen „Welten" bewegen, verschieden zu der Welt, die wir als unsere Realität erfahren. Sonja bewegt sich ganz selbstverständlich auch in der astralen Welt. Sie erhält in ihren klaren Träumen oft „traumhafte" Botschaften, sie kann also von der realen in die astrale Welt wandern und umgekehrt und sie hat dabei das Gefühl, die astrale Welt sei dabei wirklich, sie erlebt sie nicht so verzerrt, wie das normalerweise in Träumen üblich ist. So haben wir inzwischen auch das Bild der Wanderschaft in der Welt gedeutet.

Der Name Marie taucht hier wiederholt auf.
Auch Namen werden in Past-Lifes nicht zufällig gewählt. Sehen wir uns das Leben der bekanntesten Maria an, der Mutter Jesu, dann wird ein leidvolles Leben sichtbar. In all diesen Stories haben Personen ein ähnliches Leidbewußtsein, die den Namen Marie oder Maria tragen.

Sonjas Whole-Self lieferte den Hinweis auf ihre Anziehungskraft Männern gegenüber und erkannte, daß sowohl körperliche Schönheit als auch schicke Kleidung wie bei Jakob wenig ausschlaggebend bei der Partnersuche sind. Einzig und allein die persönliche Schwingung eines Menschen wirkt auf das andere Geschlecht. Hoffentlich hat diese Aussage keine negativen Auswirkungen auf unsere Textil- und Kosmetikindustrie, denn die häufigste Motivation beim Kauf von Kleidung und Schminke ist doch wohl der Wunsch, PartnerInnen oder potentiellen PartnerInnen zu gefallen.

Wenn wir uns nun auf Jakob konzentrieren, steht er für die Art von Freundschaften, die Sonja üblicherweise Schwierigkeiten bereiten. Manche von Sonjas Mitmenschen genießen ihre freundliche, lebensfrohe Art und begleiten sie, wobei Nähe eine große Rolle spielt. Häufig fühlen sich andere ihr unterlegen, lassen Gefühle von Neid und Eifersucht nicht zu und erkennen dann nicht die Gefahr, die daraus erwächst. Denn Gefühle, die „gedeckelt" werden, entwickeln eine Kraft vergleichbar mit einem Dampfdrucktopf. Die gewaltsame Entladung entzieht sich jeder Kontrolle.

Sonja war ständig bemüht zu wachsen. Sie unterschätzte immer wieder die daraus resultierende Wirkung auf solche FreundInnen, die nach der beliebten Schubladenmethode, wonach alles gemessen und verglichen wird, was nicht vergleichbar ist, sich bislang gleichrangig mit ihr auf einer Stufe wähnten (bzw. in einer Schublade). Oft hatte Sonja zuerst von ihren FreundInnen gelernt, von deren Wissen und Bewußtsein profitiert. Wenn Sonja dann ihre Entwicklung forcierte und ihre FreundInnen nur noch den Silberstreif am Horizont sahen, fühlten sie sich dieser Frau hoffnungslos unterlegen. Solange diese Veränderung nicht allzu offensichtlich wurde, nahmen die alten Bekannten dann gerne von Sonja einiges an, doch mit der Zeit werteten sie die Umkehrung der LehrerInnen/SchülerInnen-Rolle als sehr frustrierend. Sonja hatte dann wiederholt den Fehler begangen, ihre Wahrnehmung abzuschalten, wenn sie bei alten FreundInnen Gefühle wahrnahm, die sie sehr verletzen konnten. Beim Aufblinken solcher Warnblinkleuchten würde sie in Zukunft direkt reagieren müssen, alte Freundschaften möglicherweise eher loslassen, oder die Probleme thematisieren, bevor die Verletzung so schwerwiegend sein würde wie hier, daß es Sonjas Herz so sehr trifft und dadurch physische Störungen meßbar werden.

Walter im Past-Life konnte seine Herzschmerzen nicht mehr ertragen. Ihm war es mehr als recht, daß sein Freund Jakob das Messer zückte und ihn ins Herz traf. Nun war sein körperlicher Zustand dem emotionalen entsprechend.

Jakob empfand auch starkes Herzeleid. Er war nur nicht bereit, sich das bewußt zu machen. Er projizierte es auf Walter, indem er dessen Herz verwundete, was seinem eigenen emotionalen Zustand entsprach.

Das Bild auf der Schwelle zum hellen Sonnenlicht ist dann noch von Wichtigkeit. Für Sonja existiert unbewußt ein Glaubenssatz, daß Gefahren auf sie lauern, die tödlich sein können, sobald sie eine Schwelle überwindet und ins Licht geht.
Für ihre spirituelle Entwicklung bedeutet das, daß sie bei jedem Überwinden einer Schwelle, bei jedem Erreichen einer neuen Ebene, die sie dem Licht, also Gott, näher bringt, niederwerfende Gefahren erwartet. Diesen Glaubenssatz muß sie dringend ändern, zumal sie immer wieder eine enorme Dynamik entwickelt, mit der sie dann eine Zeitlang voranschreitet.

Zwei Jahre später schrieb Sonja:
„Nun stelle ich mir die Frage: Bin ich weitergekommen? Hat sich in meinem Leben etwas geändert durch meine intensive Arbeit am eigenen Fortkommen?
Häufig vergleiche ich die Verhaltensweisen meiner früheren Freunde und Freundinnen mit dem Verhalten von den Leuten, die ich nun zu meinem Freundeskreis zähle.
Bei meinen neuen Freunden finde ich Anerkennung, Achtung, Wertschätzung und Liebe.

Habe ich mich geändert? Kaum. Die gleichen Fehler, die die Menschen aus meinem alten Bekanntenkreis mir stets vorwarfen, werten die neuen Freunde als Stärke, wie z.B. meine Verletzlichkeit. Wie oft höre ich nun tröstend : „Du bist nun mal sehr sensibel, das ist dir doch in deinem Job mitunter auch nützlich, und ich mag es auch, wenn du, Sonja, die Feinheiten mitkriegst."
Früher habe ich mich sehr um meine Kontakte bemüht. Hatte nur das Gefühl, daß ich investieren muß, damit mich Freunde und Familienmitglieder akzeptieren; selbst in der Partnerschaft übernahm ich nach meinem Empfinden den überwiegend gebenden Part. Heute spüre ich, wie andere sich in der gleichen Art und Weise um mich bemühen, ohne an mir zu ziehen, ohne im Hinterkopf zu haben 'ich will ja auch was von ihr'.
Freundschaften zu den unterschiedlichsten Menschen beruhen auf intensivem Austausch, gegenseitigen Sympathien, tiefer Zuneigung und echter Liebe. Ich erfahre durch andere so viel Bestätigung.
Meine alten Bekannten versuchten ständig, mich zu kritisieren, mir aufzuzeigen, wo noch was nicht in Ordnung ist. Sie reagierten genau so, wie die stillen Eigenurteile in meinem Kopf abliefen. Immer war ich mir nicht gut genug, immer hatte ich die Schuld, wenn irgendwo was schiefging. Und ich war mir nicht wichtig genug, daß zumindest ich mit mir selbst achtsam und sanft umging.
Dann kam die Whole-Self-Methode, und ich lernte, daß ich meine Eigenurteile ändern kann, und wenn ich die dazugehörigen Gefühle annehme, werde ich in Zukunft glücklichere zwischenmenschliche Kontakte erleben.
Das war ein hartes Stück Arbeit. Nicht, daß ich nichts ändern wollte, aber ich wußte zunächst nicht, was es heißt, den Widerstand aufzugeben. Als ich dann gelernt hatte, fast jedes Gefühl zuzulassen, wenn ich es empfand, war schon viel gewonnen. Es galt, den Verdrängungsmechanismen auf die Spur zu kommen, die ich mit einem Automatismus installiert

hatte. So setzte in der Vergangenheit der Widerstand meistens ein, bevor ich registriert hatte, was da eigentlich ablief. Diese immer unangenehmen Gefühle nun zu erkennen, war der erste Schritt. Danach sollten sie auch noch auf allen mir zur Verfügung stehenden Ebenen zugelassen werden. Ganz schön kompliziert. Und dann sollten diese alten Selbstbeurteilungen nicht mehr wiederholt werden, die ich üblicherweise ständig für mich parat hatte. Das alles erforderte meine ganze Aufmerksamkeit. Als Familienmutter hatte ich gelernt, meine ungeteilte Aufmerksamkeit auf meine Kinder zu legen. Nun mußte ich sie auch noch auf mich ausdehnen, ohne die Kinder zu vernachlässigen.

Es hat sich unbedingt gelohnt! Ich erfahre, daß es Menschen gibt, die mich mögen, wie ich bin, mit meinen Macken, die ich nicht verberge. Das sind Menschen, die meine hohen Ansprüche, die ich an Freundschaften stelle, erfüllen; sie begegnen mir auf einer ganz anderen, nämlich verbundenen Ebene. Das läßt das Leben lebenswert sein!“

*

Dorothea konnte ein Betriebswirtschaftsstudium vorweisen, einen zweijährigen Auslandsaufenthalt in England, und sie sprach drei Sprachen fließend.
Den Eindruck zu vermitteln, sie sei in der Ausübung all ihrer Tätigkeiten kompetent, fiel der hübschen jungen Frau von Anfang 30 nicht schwer.
Dorothea war fleißig, intelligent und sehr kreativ.

Nachdem sie in England ganz furchtbar unter Heimweh gelitten hatte, setzte sie sich in den Kopf, nirgendwo anders als in Münster, ihrer Heimatstadt, leben zu wollen. Dort wohnten ihre Mutter und ihre Geschwister mit deren Familien. Alte Schul- und StudienfreundInnen waren dort ansässig, eben Dorotheas Freundeskreis.

Sie wollte nie wieder auf diese Menschen, die ihr so wichtig waren, verzichten. Sie wollte nie wieder so allein sein, wie zu der Zeit, als sie in England lebte.
Dort hatte sie in Dover gearbeitet und sich sehr schwergetan, Freundschaften aufzubauen und überhaupt Kontakt herzustellen.
Die Freizeit, gefüllt mit eintönigen Abenden allein vorm Fernseher, blieb ihr in grauslicher Erinnerung. „Ich konnte nichtmals ein Buch lesen. Ohne den laufenden Fernseher ertrug ich

die Stille nicht, und mit der Geräuschkulisse fehlte mir einfach die notwendige Konzentration zum Lesen." Die Telefonrechnungen waren durch die zahlreichen Gespräche nach Deutschland kaum noch zu bezahlen gewesen.
„Ich habe mir geschworen, nie wieder in die Fremde zu gehen." Das waren ihre Ausführungen auf meine Frage, weshalb sie nicht den Wohnort wechsele, um leichter in ihrem Beruf fußfassen zu können.

Dorothea rackerte sich in irgendwelchen Aushilfsjobs ab, für die sie überqualifiziert war und in welchen sie auch noch wenig Geld verdiente.
Sie hatte immer das „Glück", nur solche Stellen zugewiesen zu bekommen, die selbst von eingearbeiteten Kräften kaum zu schaffen waren. Dann übernahm sie die ehrenvolle Aufgabe, an solchen Einsatzorten zu zeigen, daß sie eine außergewöhnliche Frau war. Nie wies sie die an sie gestellten Aufgaben als zu umfangreich zurück. Sie setzte alle ihr zur Verfügung stehenden Energien ein, um in dem jeweiligen Betrieb eine exzellente Leistung zu erbringen.

Parallel dazu suchte sie ständig nach einer geeigneten Stelle im Management einer größeren Firma, wofür sie ja durchaus die nötige Qualifikation mitbrachte. Aber leider waren solche Angebote in der Behördenstadt Münster dünn gesät.

Zusätzlich drängte sich die Frage auf, warum Dorothea in ihren Aushilfstätigkeiten so über Gebühr gefordert wurde. Eine Antwort darauf war zunächst nicht klar ersichtlich. Wenn ich sie darauf ansprach, zitierte sie ihren verstorbenen Vater, der sich als Maschinenführer im Tiefbau sehr geplagt hatte, seine Frau und die vier Kinder zu ernähren.

All die Sprüche wie: 'Von nichts kommt nichts;
anständige Leute verdienen ihr Geld durch harte Arbeit;

sieh du erstmal zu, daß du deinen Hintern bewegst, bevor du die Hand aufhältst;
du wirst dich noch umkucken, wenn du im Berufsleben stehst.'
Diese suggestiven Sätze hatte Dorothea während ihrer Kindheit immer wieder gehört und tief verinnerlicht.

Die Eltern hatten den Kindern vorgelebt, daß das Leben eine einzige Plackerei sei. Alle Kinder waren an der Haus- und Gartenarbeit sehr stark beteiligt worden. Taschengeld erhielten sie nicht, so daß sie darauf angewiesen waren, neben den Aufgaben daheim und den schulischen Aktivitäten, sich durch unterschiedlichste Arbeiten etwas Geld für eigene Bedürfnisse zu verdienen.

Der Vater war sein Lebtag ein bescheidener Mann gewesen. Für sich selbst hatte er keine Ansprüche gestellt.
Dorothea hatte sehr viele seiner Normen und Werte übernommen. Durch Arbeiten für ihr Wachstum wußte sie, daß ein Einsetzen dieser Normen und Werte von Vaters Realität abhängig war. Wie sehr sie sich auch dagegen auflehnte, unbewußt schien sie ihr Leben danach auszurichten.

Inzwischen kam Dorothea eine Idee, um die geographische Problematik im Zusammenhang mit ihrem Beruf lösen zu können.
Ihr war aufgefallen, daß einige Ruhrgebietsstädte, wie z.B. Dortmund, gar nicht so weit von Münster entfernt lagen. Sie würde in Münster leben können und eventuell in Dortmund arbeiten.

Trotz dieses erweiterten Bereiches hatte sich nichts in Dorotheas Leben geändert. Die zahlreichen Stellenausschreibungen blieben von ihr unberücksichtigt.

Sie kam zu mir in die Beratung, als sie Blockaden erkannte, von welchen sie vermutete, daß die sie davon abhielten, sich

tatsächlich im Ruhrgebiet nach einer passenden Tätigkeit umzusehen.
Ihr war immer wieder das Bild ihres Vaters in Erinnerung gekommen und Kommentare wie: „bleib auf dem Teppich", kamen ihr dann in den Sinn, wenn sie daran dachte, eine Bewerbung für eine leitende Position zu schreiben. Damit war jedesmal aller Mut dahin, und Dorothea verzichtete dann darauf, eine Bewerbung einzureichen.
Sie sagte: „Ich habe das Gefühl, daß mein Vater es mir nicht gönnt, wenn ich im Beruf erfolgreich bin, ihm scheint es besser zu gefallen, daß ich mich für wenig Geld ganz furchtbar abrackern muß. Ich habe den Eindruck, er könnte nicht damit umgehen, wenn ich durch eine anspruchsvolle Tätigkeit auch noch 'ne Menge Anerkennung zusätzlich zum guten Verdienst kriegen würde."

Nach Dorotheas Weltbild ist es nicht nur möglich, den Kontakt mit Verstorbenen zu halten, sondern durchaus üblich. Das erleichterte uns die nun folgende Arbeit erheblich.

Glauben Menschen nicht an eine Existenz im Anschluß an das Erdenleben, verhindert das nicht die Arbeit mit diesem Konzept. Sie erhalten auch die notwendigen Bilder und Informationen, und wenn sie die Energie der verstorbenen Menschen wieder gefühlt haben und mit ihnen in Kommunikation getreten sind, wissen sie einfach, daß diese als Bewußtsein noch existieren.
Die einzige Schwierigkeit bietet dann der Anfang, wenn KlientInnen nämlich nicht glauben, daß es eine Existenzform eines Bewußtseins gibt, können sie es im allgemeinen auch nicht zulassen, davon etwas zu spüren oder zu erfahren.
Manchmal hilft dann ein Trick. Ist diese Blockade nicht allzu stark ausgeprägt, gelingt es mir mitunter, Informationen dieses Bewußtseins zu erhalten. Ich frage dann in vorsichtiger Form die KlientInnen nach den soeben erhaltenen Einzelheiten, dabei handelt es sich um Informationen, die ich einfach nicht haben

konnte. Die KlientInnen sind dann so verblüfft, daß sie keine Aufmerksamkeit mehr für ihren Widerstand haben und ihn aufgeben.

Dorothea war schon mit der Whole-Self-Methode vertraut, wir hatten jedoch bisher noch keine Trauerarbeit ihren Vater betreffend durchgeführt.

Wie schon erwähnt, wird das Skript Trauerarbeit dann eingesetzt, wenn ein Mensch in irgendeiner Weise ein Problem mit einer/m Verstorbenen hat. Die Art der Problematik ist dabei von untergeordneter Bedeutung. Es kann sich sowohl um fehlende Trauer bei dem Tod eines nahestehenden Menschen handeln, als auch um maßlose Trauer oder um irgend etwas anderes, was bei den Hinterbliebenen Energien bindet.
In den meisten Fällen bearbeiten wir eine Problematik mit Schuld, die bewußt und unbewußt vorhanden sein kann.
Wir begannen.
Im Anschluß an die Lichtmeditation nahm Dorothea über ihr Whole-Self Verbindung zu dem Bewußtsein ihres Vaters auf.

Zu ihrem großen Kummer wollte ihr das kaum gelingen. Immer, wenn sie gerade mit der Kommunikation begann, deutete ihr Vater an, er habe keine Zeit für sie.

Dorothea wurde wieder mit ihren Gefühlen aus der Kindheit konfrontiert. Niedergeschlagenheit machte sich breit, daß sich ihr Vater nicht einmal jetzt, in der für sie so enorm wichtigen Stunde, die nötige Zeit nahm.
Dorothea erhielt ein Bild von einer Fabrikhalle mit einem Fließband, an dem ihr Vater stand und arbeitete.

Dieses Bild sollte ihr verdeutlichen, daß nach ihren Glaubenssätzen die Arbeit für ihren Vater mehr Gewicht gehabt hatte, als die Bedürfnisse seiner Kinder.

Nun bot sich Dorothea die Gelegenheit, an den Gefühlen, die dieses Bild hervorgerufen hatte, zu arbeiten. Diese Gefühle und Selbstbeurteilungen wie: *nicht wert und unwichtig* deckten sich haargenau mit den Gefühlen und Selbstbeurteilungen aus ihrer Kindheit.

Zuerst erkannte und fühlte Dorothea, daß sie diese Selbstbeurteilungen zu vermeiden suchte und die dazugehörigen Gefühle nicht fühlen wollte. Wir arbeiteten mit ihrem Widerstand, bis sie ihn aufgeben konnte.
Sie erfuhr und spürte nun auf allen Ebenen, daß diese unangenehmen Eigenurteile in allen vier Körper-Ebenen wirkten. Dabei wurde es Dorothea bewußt, daß diese Energien in ihrem Glaubenssystem verankert waren.
Wenn sie Bilder von ihrem Vater erhalten hatte, die ihrem Selbstwert zusetzten, lenkten diese Bilder von der Quelle dieser wenig angenehmen Emotionen ab. Dorothea fühlte nun den Ursprung in sich selbst.
Danach arbeiteten wir daran, diese Muster, Gefühle und Urteile loszulassen und zu transformieren.

Einerseits machte es sie betroffen, daß sie selber sich keine erhebenden Überzeugungen zugestand, andererseits entfiel damit die Hilflosigkeit. Sie wußte, daß sie für ihren Selbstwert etwas tun konnte, wenn allerdings das Problem bei ihrem Vater gewesen wäre, hätte sie keine Änderung der Misere herbeiführen können.

Im Anschluß daran konnte Dorothea mühelos ihren Vater sprechen. Sie erinnerte ihn an ihre ausgezeichneten Voraussetzungen für einen hochdotierten Posten und ihr Vater strahlte voller Anerkennung.

Dann wünschte er ihr viel Erfolg für die Bewerbungen. Sie tauschten noch persönliche Informationen aus.

Dorothea spürte bei ihrem Vater eine deutliche Veränderung. Sie bekam ein Bild, wie sich seine Gesichtszüge entspannten, und sie fühlte eine Ruhe und Gelassenheit von ihm ausgehen, die sie noch niemals zuvor bei ihm beobachtet hatte.

Bei Dorothea entstand der Eindruck, daß durch ihre Transformation der Emotionen und das gleichzeitige Loslassen der davon abhängigen vermindernden Eigenurteile ihr Vater auch einen wesentlichen Schritt gemacht hatte.

Das Bild mit der Fabrik kam nicht zurück. Statt dessen sah sie ihren Vater in der Natur relaxen, und sie konnte sehen und spüren, wie glücklich er sich fühlte.

Wir gaben allen Ebenen von Dorothea starke Signale, die das Beenden dieser Sitzung beinhalteten, damit jede Ebene auch wirklich deutlich erkennen konnte, daß das Treffen mit ihrem Vater nun beendet wurde und vorbei war.

Dann berichtete Dorothea, daß sie immer befürchtet hatte, ihren Eltern sei es nicht recht, wenn ihre Kinder so sehr viel mehr erreichten, als es den Eltern möglich gewesen war.
Jetzt hatte sie gesehen, gefühlt, erkannt und energetisch gespürt, wie gut es ihrem Vater mit der Aussicht auf eine gehobene Stellung seiner Tochter ging.

Sie selbst war es sich nicht wert gewesen, eine gute Position zu erreichen. Nun konnte sie spüren, wie sie sich selbst diese Position nicht gegönnt hatte. Sie war es sich nicht wert gewesen und hatte das auf die Eltern projiziert.

Da Dorothea diese Erfahrung auf allen Ebenen gemacht hat und nicht nur mit dem Verstand erfaßt hatte, konnte sie auch die Verantwortung dafür übernehmen. Sie brauchte keine Eltern mehr als Bremsklotz.

Ihr war es ganzheitlich bewußt, wenn sie keine Bewerbung geschrieben hatte, lag das allein an ihren vermindernden Selbstbeurteilungen, für die sie die Eltern gebraucht hatte, um sie zu aktivieren.

Dieses Wissen nahm Dorothea alles Empfinden von Hilflosigkeit, denn wenn die Eltern an ihrer Erfolglosigkeit beteiligt gewesen wären, hätte sie selbst ja überhaupt keine Chance gehabt, irgend etwas zu verändern, dann wäre Erfolg oder Nichterfolg ausschließlich von den Eltern abhängig gewesen. Ihnen wäre sie ausgeliefert gewesen. Nun war sie sich ihrer eigenen Kreation dieser Situation bewußt, sie hatte die Blockade in ihrem eigenen System entdeckt.

Nun konnte Dorothea handeln.
Sie hatte die Möglichkeit, mit dem Handtanz/der Balance, die vermindernden Eigenurteile auszubalancieren.

*

Eigenverantwortung zu übernehmen, fällt vielen ZeitgenossInnen sehr schwer.

Es gibt scheinbar immer äußere Umstände, die uns bestimmen und die wir, so glauben wir, nicht ändern können.

Die Whole-Self-Methode beleuchtet jede Situation, jedes Ereignis von innen und außen. KlientInnen erfahren ihre eigene Beteiligung an den Geschehnissen. Anschließend benötigen sie nicht mehr die Projektion als Hilfsmittel. Menschen, die die Möglichkeit haben, ihr eigenes System zu erkennen, und damit ihre Gestaltung der Lebensumstände erfahren, fühlen sich nicht mehr als Opfer. Sie wissen und empfinden und spüren die Wahrheit.
Sie wachsen über ihre sie begrenzenden Realitäten hinaus und leben in Wahrheit.

Es ist nur scheinbar einfacher, meine Eltern, die Chefin/den Chef, den Ehepartner/die Ehepartnerin, meine Kinder oder die Regierung für mein Dilemma verantwortlich zu machen. Lasse ich die Verantwortung bei anderen, bin ich ein Opfer.
Zur Erinnerung: Wer keine Alternative kennt, ist ein Opfer.
Glaube ich, daß andere Menschen die Macht haben, kann ich nichts ändern.

Mein Leben wird soviel gehaltvoller, reicher, glücklicher und gesünder, wenn ich es selbst in die Hand nehme.

Erkläre ich mich bereit, in meinem Leben SchöpferIn zu sein, erfahre ich den Unterschied.
Je mehr ich mir gestatte, in Wahrheit zu leben, desto mehr gestaltet sich Gesundheit, Liebe, Zufriedenheit und Fülle in meinem Leben. Alle Erfahrungen von Leid, Krankheit, Einsamkeit, Mangel sind Zeichen dafür, daß ich mich in Realitäten befinde, die nicht mit der Wahrheit übereinstimmen.

Die Whole-Self-Methode kann mich dabei unterstützen, die Wahrheit zu erfahren, da es ja das erklärte Hauptziel der Whole-Self-Methode ist, Realitäten in Wahrheit zu überführen.

*

Während einer Ausstellung stellte mir eine Klientin ihren Bruder Karl vor. Ich hatte in der Arbeit mit ihr bereits einiges über ihn erfahren.
Mir war sehr klar, daß Karl von therapeutischer Hilfe sicherlich hätte profitieren können.
Wenn ich höre, daß Menschen sich über Jahre hinweg die gleichen Muster kreieren, sich immer wieder eine Realität gestalten, die sie nicht weiterbringt, dann weise ich manchmal darauf hin, daß ein bestimmter Lernschritt gemacht werden muß, um diese unerfreulichen Gegebenheiten zu ändern. Meistens wissen die Betroffenen nicht, welches Muster sie blockiert. In solchen Fällen kann die Hilfe eines/r TherapeutIn oftmals dazu führen, daß der Gordische Knoten gelöst wird.
Karl wurde von seiner Schwester als sympathisch, mitfühlend und intelligent charakterisiert.

Sie hatte berichtete, daß Karl in einer finanziell ausgereizten Situation lebe, die er offensichtlich nicht verändern könne.

Die Finanzen sind Ausdruck von Karls Gefühlsleben.
Karl erschien die Welt als zu lieblos. Er, der absolute Gefühlsmensch, geriet immer wieder an Frauen, die seine Gefühle nicht erwidern konnten. Als Folge davon fühlte er sich leer und

‘arm’! So verwunderte es nicht, daß sich in Karls Leben sein inneres Gefühl im Außen als materieller Mangel darstellte.

Karl erlebte schon seit Jahren keine gut funktionierende Beziehung mehr. Begegnete ihm eine Frau, so ging das, was sich zwischen ihm und ihr dann ergab, nie über einen längeren Zeitraum.
Viele seiner Bekannten rätselten, warum Karl keine adäquate Partnerin finden konnte. Nach allgemeiner Auffassung war er ein Traummann, wie sich ‘frau’ ihn nicht besser wünschen konnte. Mit Karl ließ es sich Pferde stehlen. Karl setzte sich bedingungslos für andere ein. Karl zeigte sich stets als sehr interessanter, aufgeschlossener Gesprächspartner. Ihm kamen die besten Ideen für Aktivitäten. Karl war romantisch und aufmerksam.

Hatte Karl Angst vor Nähe?

Diese Gegebenheiten wie ein schmales Portemonnaie, und das Fehlen einer Beziehung wären nicht therapiebedürftig, wenn Karl sich damit zufriedengeben würde.
Aber Karl wünschte sich sehnlichst eine Beziehung. Und seine finanzielle Situation bekümmerte ihn.
Diese beiden Punkte brachten Karl immer wieder aus dem Gleichgewicht, ließen ihn, wie er es formulierte, regelmäßig abstürzen. Es dauerte dann einige Zeit und erforderte all seine Energien und Aufmerksamkeit, um sich wieder ins Lot zu bringen.
Da die Widerstände gegen die Situation groß genug waren, konnte Karl sich über Jahre keine Therapie leisten.
Doch Karl hatte irgendwann die Zusammenhänge zwischen seinem Mangelbewußtsein und dem Ausdruck dessen in der Realität begriffen und daraufhin an seinem Wohlstandsbewußtsein gearbeitet. Die nunmehr veränderte Geisteshaltung und Gefühlslage stellte sich in seinem Leben zaghaft so dar,

daß sich ein Mensch fand, der Karl die Therapie von seinem Zehnten finanzierte.

(Der Zehnte ist der zehnte Teil des Einkommens, den manche Menschen für einen guten Zweck spenden, um den Fluß der Energie Geld zu gewährleisten. Sie nennen es: „Das Gesetz des Zehnten“, was sie als Gesetzmäßigkeit aus der Natur ableiten; denn unsere Ahnen gaben den zehnten Teil ihrer Getreideernte im nächsten Jahr als Saatgut wieder in die Erde.)

Karl entschied sich für die Whole-Self-Methode.
Er schilderte mir die Situation:
Mit fünfundzwanzig Jahren hatte er sein Pädagogikstudium abgebrochen, da er erkannt hatte, daß diese Fachrichtung ihn überhaupt nicht interessierte. Außerdem waren die Absolventen dieses Studiums für die Arbeitslosigkeit prädestiniert, da kaum Stellen angeboten wurden, die mit Diplompädagogen hätten besetzt werden können.
Als Karl sich exmatrikulierte, hoffte er noch, in einem anderen Fach seiner Wahl durch Bafög gefördert zu werden. Doch just zu dieser Zeit änderten sich die Bestimmungen. Studenten, die bereits in irgendeinem Fach gefördert worden waren, erhielten keine erneute Leistung, auch nicht für den Rest der Zeit, die sie nicht in Anspruch genommen hatten.

Um nun wieder studieren zu können, fehlte ihm ein lukrativer Nebenjob. Als Student würde er auch keine Leistungen vom Sozialamt erhalten.
Karl sah keine Möglichkeit für das erneute Aufnehmen eines Studiums. Er lebte abwechselnd von Sozialhilfe und kurzen Aushilfstätigkeiten, bei denen er für sehr wenig Geld ganz furchtbar hart arbeiten mußte, denn er wohnte in einer Studentenstadt, in der nicht so viele interessante Jobs für adäquate Bezahlung zu haben waren.

In dieser ersten Zeit ohne berufliche Perspektive ereilte ihn ein Schicksalsschlag. Seine damalige Partnerin Anja aus der Studentenzeit bekam plötzlich Unterleibskrebs. Die Medizin versuchte, durch eine Totaloperation das Leben der jungen Frau zu retten.
Anja hatte, genau wie Karl, ihre Lebenskraft blockiert. Ihr war eine erfüllte Partnerschaft als lebensbedrohend erschienen. Bei ihrer Geburt war die Mutter gestorben. Und nun fürchtete sie unbewußt, Sexualität führe zum Tod. Die Folge dieser unbewußten Angst und einer „zufällig“ zeitlich zusammenfallenden Problemstellung (sie glaubte, Karl habe ein Verhältnis mit seiner neuen Nachbarin) war die Ausbildung von Krebstumoren.
Anja konnte sich nicht dazu entschließen, mit Karl oder einem anderen Menschen über ihre Eifersucht zu sprechen. Entweder fühlte sie, daß diese Befürchtungen völlig unberechtigt waren; oder sie genierte sich, da sie, wie viele Menschen, sich Eifersucht nicht zugestand, sie als Besitzanspruch wertete und solche Empfindungen verurteilte. Durch das Leugnen, Verdrängen und Verurteilen von nicht sanktionierten Gefühlen werden diese keineswegs gelöst. Der Körper macht in solchen Fällen häufig durch ein Somatisieren der Probleme deutlich, daß es einer Problemlösung dringend bedarf. Anja löste die Beziehung zu Karl, ging seither nur noch lesbische Bindungen ein, die ihr unbewußt weniger gefährlich erschienen, weil sie dadurch eine Schwangerschaft ausschloß (die emotionale Ebene reagiert nicht auf Logik, und somit ist nicht automatisch mit der Totaloperation auch die Angst vor Fruchtbarkeit transformiert). Lesbische Liebe und Sexualität entsprachen ihrer Überlebensstrategie, und die funktionierte gut, wahrscheinlich wegen der fehlenden Penetration, wenngleich Anja dadurch nicht im geringsten ihr Sexualitätsproblem mit Männern löste.

Karl kam allem Anschein nach ganz gut mit der Trennung von Anja zurecht, so schien es zumindest äußerlich. Er konnte Anja durchaus freundschaftlich begegnen. Sie trafen sich noch

manchmal, und alle BeobachterInnen empfanden das Zusammensein der beiden als entspannt und sachlich.
Doch Anja war Karls letzte feste Partnerin gewesen, und das lag nun fast zehn Jahre zurück. Es folgte öfters mal eine kürzere Begebenheit, ein Intermezzo eben, das fast ausschließlich eine sexuelle Bedeutung für Karl hatte. Ich konnte mir einfach nicht vorstellen, daß die Beziehung zu Anja kein Trauma bei Karl hinterlassen hatte, denn was sollte sonst die Ursache für eine so ausgeprägte Blockade gewesen sein?

Das Past-Life dazu:
Karl lebt um das Jahr 800 n. Chr. und arbeitet als Dachdecker. Sein Name ist Alfons und er arbeitet mit einem Freund und Kollegen, welcher Jos gerufen wird.
Sie decken das Dach eines Kirchturms.
Der Freund scheint der bessere, tüchtigere, schnellere zu sein. Alfons durchschaut Jos' System, das lediglich auf den äußeren Schein ausgerichtet ist.
Jos übt durch seine Lebendigkeit auf alle Menschen eine größere Anziehungskraft aus als Alfons, wenngleich Alfons derjenige von beiden Männern ist, der das größere Herz hat, mehr Mitgefühl und Verantwortungsbereitschaft im Leben und bei der Arbeit aufbringt.
Irgendwann mag Alfons nicht mehr wie selbstverständlich zurücktreten, um den Platz in der 1. Reihe Jos zu überlassen, er erkennt, daß all die Anerkennung, die Jos zuteil wird, aus Blendwerk resultiert, und er, Alfons, durch seine falsche Bescheidenheit fleißig dazu beiträgt, daß Jos positiver beurteilt wird als er selber mit seiner soliden Art.

Alfons schlägt Jos ein Wettarbeiten vor, damit er selber seine Fähigkeiten einmal unter Beweis stellen kann und Jos dann echte Leistung bringen muß, sich nicht auf Alfons' Lorbeeren ausruhen kann. Jos war zwar bislang meistens der Schnellere von beiden, doch Alfons bügelte schweigend die Unebenheiten

in Jos' Arbeit wieder aus. Nach all den Jahren der selbstverständlichen Unterstützung, die Alfons Jos gewährte, will Alfons nun endlich auch einmal Anerkennung und Beifall für seine Qualitätsarbeit erhalten.
Alfons und Jos vereinbaren einen bestimmten Abschnitt, den jeder bis zum Mittag fertig decken will, damit sie sich messen können.
Es ist herrlicher Sonnenschein.
Alfons spürt seine Kraft und ist sich als alter Fachmann sehr sicher, den Sieg für sich verbuchen zu können. Er wartet bereits auf Jos, der wie immer zu spät erscheint. Dann beginnen sie gleichzeitig mit der Arbeit. Noch bevor es richtig losgeht, stolpert Jos und fällt den Kirchturm herunter. Alfons eilt blitzschnell auf den Kirchhof und hält voller Schuldbewußtsein den sterbenden Freund in den Armen.

Nach diesem Unglück gibt Alfons seinen Beruf auf und schlägt sich als wandernder Prediger mühsam durchs Leben. Er arbeitet nie wieder und vegetiert schließlich nur noch so dahin. Alfons fühlt sich schuldig am Tod seines Freundes, so als hätte er ihn eigenhändig den Kirchturm hinuntergestoßen.

Bei der Besprechung des Past-Lifes wurde Karl deutlich, daß das vorherrschende Gefühl in diesem Past-Life die Schuld gewesen war. Und vergleichbar waren die Gefühle, die Karl Anja gegenüber empfand.
Karl hatte auch im Past-Life geäußert, Jos erinnere ihn an Anja.
Karl hatte damals, als ihn noch eine Beziehung mit ihr verband, von seiner neuen Nachbarin die Aufmerksamkeit erhalten, die viele andere Leute stets für Anja wie selbstverständlich bereithielten. Karl hatte damals wohl bemerkt, daß Anja litt, wenn die Sprache auf die hübsche Nachbarin kam. Karl hatte diese Gefühle von Anja in ihrer Auswirkung zunächst unterschätzt. Er genoß es heimlich zu sehen, daß Anja litt, er

hielt es als Beweis dafür, daß ihr etwas an ihm lag. Bislang hatte er an Gefühlen ihrerseits lediglich die Ablehnung am deutlichsten registriert, die aus ihrer Angst vor Sexualität resultierte. Als Anja dann so ernsthaft erkrankte, machte er sich Vorwürfe, die zu einer unendlichen Schuldansammlung führten, die er sich aber mental nicht bewußt machte. Unmittelbar bevor Anja krank wurde, wetteiferte Karl mit Anja um Anerkennung von anderen Menschen, er, der sich sonst immer im Hintergrund gehalten hatte, genau wie Alfons im Past-Life.

Karl hat wie Alfons bei dieser Begebenheit sich anderen Menschen zu zeigen versucht, er hatte etwas von seinem wertvollen Kern nach außen dringen lassen. Auffällig ist, daß Karl im Anschluß an die Probleme mit Anja keine richtige Arbeit mehr verrichtete, das heißt, keinen Beruf ausgeübt hat, sondern sich lediglich über Wasser gehalten hat. Auch Alfons im Past-Life mochte keiner geregelten Arbeit mehr nachgehen. Karl schuf unbewußt eine Verbindung zwischen dem Selbstausdruck, den er damals an den Tag hatte legen wollen, und der lebensbedrohlichen Erkrankung seiner Partnerin. Er wollte nie wieder aktiv und tüchtig sein, damit er nie wieder diese Schuld würde fühlen müssen.
Häufig finden wir solche scheinbaren Verknüpfungen, wie hier Leistung und Schuld; wodurch starke Blockaden ausgelöst werden, auch wenn sich die Ereignisse nicht wirklich bedingen. Denn das Bedürfnis nach Ausdruck des eigenen Könnens hat nichts mit der Verantwortung für den Unfall des Kollegen zu tun. Unbewußt installierte Karl diese kausale Verknüpfung von Begebenheiten, die zeitlich in einem Zusammenhang standen.
Karl wertete emotional Anjas Leben als beendet, im Past-Life durch den tödlichen Unfall des Kollegen ausgedrückt. Ob dieses Empfinden durch das Ende der Beziehung hervorgerufen wurde oder durch das Entfernen von Anjas Fortpflanzungsorganen und ihrer Entscheidung, ausschließlich gleichgeschlechtliche Liebe zu leben, sei dahingestellt.

Karl äußerte dann noch, der Unfall wäre überhaupt nicht geschehen, hätte Alfons nicht diese unheilvolle Wette vorgeschlagen.
Um Karl wirklich empfinden zu lassen, daß kein Mensch sein Leben aufgibt, weil ein anderer zufällig eine bestimmte Entscheidung getroffen hat, (hier Jos, der starb, und Alfons, der die Wette vorschlug), arbeitete ich weiter mit der Whole-Self-Führung Trauerarbeit.
Diese Arbeit läßt Einblicke in das Lebenskonzept von Menschen zu, die bereits gestorben sind. Wobei es völlig unerheblich ist, ob es sich um ein Hinübergehen während eines Past-Lifes handelt oder um das reale Sterben eines Menschen, den wir kannten.
In beiden Fällen käme die Trauerarbeit zur Anwendung.

Ich ließ Karl den Kontakt mit Jos wieder wie im Past-Life herstellen (mit Hilfe der Trauerarbeit) .

Erneut erscheint das Bild vom Kirchhof.
Alfons hält seinen sterbenden Freund in den Armen.
Als Alfons voller Verzweiflung fragt: „Warum mußte das so kommen?“, erklärt Jos ihm, daß es für ihn auf keinen Fall mehr weitergegangen wäre, da er große Spielschulden gehabt habe und sich in dunkle Machenschaften eines zwielichtigen Typen eingelassen habe, der ihn nun in der Hand hat.
Alfons fragt noch: „Warum hast du nichts gesagt, ich hätte dir doch geholfen!“
Und Jos antwortet: „Du hattest doch kaum genug für dich und deine fünf Kinder. Und gegen den Halunken hätten wir zwei keine Chance gehabt, der war Schwarzmagier. Das war ganz allein meine Sache, das konntest du nicht alles wieder für mich richten.“

Mit diesem Wissen um die Ausweglosigkeit von Jos' Leben wurde Karl klar, daß es in Jos' Absicht gelegen hatte, so plötz-

lich zu sterben. Damit war Alfons der Nährboden für seine Schuldgefühle genommen.
Solche einfachen Erklärungen für das Ineinandergreifen von zwei menschlichen Schicksalen begeistern immer wieder.
KlientInnen fühlen sich wirklich im Kontakt mit dem Menschen oder der Past-Life-Dimension, den oder die sie betrauern. Und die Informationen, die sie während der Arbeit erhalten, können sie mit ihrem Gefühl auf den Wahrheitsgehalt abklopfen. Sobald sie ganz sicher fühlen, daß dieser Mensch ein eigenes Konzept verfolgte, das nur zufällig ihr Leben tangierte, sind augenblicklich alle Ideen von Schuld nicht mehr relevant.
Die durch dieses Fühlen ausgelöste Befreiung dann zu erleben, führt zu neuer Lebensfreude, neuem Lebensmut und setzt die Blockaden, die durch die Schuldgefühle entstanden sind, außer Kraft.

*

Im Anschluß an jedes Past-Life erfolgt die präzise Auswertung der entstandenen Botschaften.
All das, was auch nur im Ansatz als wichtig angesehen wird, kommt noch einmal bei der Auswertung aufs Tablett.
Ich frage dann die KlientInnen, was ihnen denn aufgefallen sei oder was das für sie/ihn bedeute.

Daraufhin gibt es mehrere Möglichkeiten der Reaktion.
Manchmal stellen sich die KlientInnen ganz exakt den im Past-Life aufgetretenen Informationen und Gefühlen, unabhängig davon, ob diese sich auf sie angenehm oder unangenehm auswirken.
Manchmal versuchen sie, mich auf einen relativ unwichtigen Nebenschauplatz zu führen, die wirklich anstehenden Muster und Gefühle erscheinen ihnen als zu schmerzhaft.
In dem Fall wird es für mich sehr wichtig, die Grenzen der KlientInnen zu wahren. Ich stehe auf dem Standpunkt, daß ich jemanden nur so weit führen darf, wie er/sie es wünscht. Selbst wenn ein weiterer Schritt einen großen Sprung in der Entwicklung verspricht, forciere ich ihn nicht ohne die Genehmigung der Menschen, die zu mir kommen. Sollten sie vor diesem Schritt stehenbleiben, mache ich ihnen behutsam klar, daß sie den Stillstand in diesem Punkt gewählt haben und daß

das in Ordnung ist, wenn sie es sich bewußt machen, nun nicht weitergehen zu wollen.

Die KlientInnen teilen ihre Assoziationen zu den Past-Life Bildern mit und beschreiben, was sie an den relevanten Stellen fühlten. Die Resonanz, die die Menschen bei mir hervorrufen, ist für mich ein Gradmesser dessen, wie exakt die Past-Life Situation ausgewertet wurde.
Die Resonanz, die bei den KlientInnen durch ihr Past-Life entsteht, ist sehr variabel.
Diese Resonanz kann dann als sehr stark gewertet werden, wenn KlientInnen dem voller Begeisterung oder auch Betroffenheit zustimmen, was sie wahrgenommen haben, oder wenn sie das Übertragen der Bilder auf ihr jetziges Leben mit Macht vermeiden wollen und die entstandenen Gefühle leugnen.
In beiden Fällen weiß ich, daß wir das Ziel erreicht haben. Je stärker die Resonanz, desto näher sind wir dem Ziel. Wobei ich eine stille, tiefe Reaktion oft noch eher als starke Resonanz werte als einen heftigen Temperamentsausbruch.

In den Situationen, in denen die Betroffenen ablehnend den Informationen aus dem Past-Life gegenüberstehen, geht die Arbeit dann mit dem Widerstand weiter. Die Bildbotschaften der Past-Lifes erscheinen in der Regel so klar, daß die KlientInnen sie nur noch auf die heutige Zeit zu übertragen brauchen. Das nicht sehr schwierig.
Wobei das Wissen um die Bedeutung von Symbolen schon von Vorteil wäre. Und wie schon beschrieben, spielt die Resonanz da eine wesentliche Rolle. Wenn ganz klar gefühlt wird, welche Gefühle auftauchten, diese auch nach dem Past-Life noch erinnert werden, heißt das, daß die KlientInnen durch dieses Past-Life sehr viel an Energiegewinn für ihr Leben verbuchen können; denn die Gefühle in einem Past-Life, welches für die Whole-Self-Methode relevant ist, sind im Leben der KlientInnen stets mit Widerständen verbunden.

Viele KlientInnen, die die Whole-Self-Methode kennen und schätzen gelernt haben, nutzen die so geschulte Aufmerksamkeit für ihr Alltagsleben. Sie übertragen das, was ihnen begegnet, zur Verdeutlichung ihrer eigenen Situation.
So bekam eine meiner Klientinnen eine wunderschöne Münze von einem Fremden geschenkt, mit dem Hinweis, sie sei von ganz unbedeutendem materiellem Wert.
Die Frau übertrug den Symbolcharakter der Situation, indem sie sich bewußt machte, daß sie Energien bekam, einzig aus dem Grunde, ihr Herz zu erfreuen. Wobei davon auszugehen ist, daß es sich bei einer Münze ja um ein Geldstück handelt und Geld ist eine Form von Energie.
Das geschah analog zu einer Beziehung, die von kurzer Dauer war. Ohne diese Auswertung hätte sie sicherlich noch lange überlegt, wieso sich die Begegnung nur so kurz gestaltet hatte. Nun wußte sie, sie sollte einfach nur ihr Herz daran erfreuen, das war der Wert dieser Begegnung.

Durch das Geschenk dieser schönen Münze hatte sie ein Bild erhalten, welches sie auf ihr Leben übertragen konnte, um den Sinn dahinter zu verstehen.

*

Elke hatte Schwierigkeiten mit der Gesundheit.
Immer wieder reagierten Lunge und Bronchien bei geringen Auslösern überschießend. Dieser Bereich war äußerst empfindlich, Elke lag schon bei leichten Erkältungen mit einer Bronchitis danieder.
Sie selbst vermutete ein psychosomatisches Geschehen dahinter, alle naturheilkundlichen Behandlungen hatten zu keinem wesentlichen Erfolg geführt.

Im Rahmen einer Arbeit mit dem Konzept der Whole-Self-Methode schauten wir uns speziell zu dem Organ Lunge ein Past-Life an.

Elke lebt als Magd auf einem Bauernhof.
Sie heißt Ann.
Sie nimmt sehr deutlich die guten Lebensbedingungen wahr.
Das Wetter ist toll, und die Ernten dementsprechend üppig.
Der Bauer hat gute Laune.
Alles läuft zu aller Zufriedenheit.

Dann wird Ann krank. Sie infiziert sich beim Melken mit Tbc. Daran stirbt sie einige Jahre später einen qualvollen Erstickungstod.

An dieser Stelle muß ein sehr wichtiger Abschnitt fehlen, denn niemand infiziert sich mit Tbc, wenn alles gut und schön ist. Also gingen wir sehr behutsam zurück in die Zeit vor der Infektion.

Elke sieht Ann als junge Magd, die in einer Kutsche sitzt und mit dem Bauern davon fährt. Sie müssen auf ihrer Reise in einem Gasthof übernachten.
Dort schläft der Bauer mit ihr.
Ann spürt ihren erwachenden Körper, der Sexualität und Fruchtbarkeit ersehnt.
Und da ist auch noch das Gefühl, mißbraucht zu werden.
Ann ist von sich überzeugt, unanständig zu sein.
Dann empfindet sie das Gefühl, begehrt zu sein.
Anns Körper genießt es, sich ganz zu fühlen, eine Frau zu sein.
Aber die Erwartung der Bäuerin, Mägde haben nicht mit ihrem Mann zu schlafen, lassen dieses Gefühl von Frausein nicht lange als angenehm empfinden.
Das schlechte Gewissen plagt Ann furchtbar, sie hat das Gefühl schuldig zu sein.
Ann hat den Gedanken, so nicht mehr der Bäuerin gegenübertreten zu können. Sie will weg.
Andererseits will ihr Körper seine Bedürfnisse erfüllt haben.
Sie sieht dafür ausschließlich die einzige Möglichkeit darin, mit dem Bauern zu schlafen.
Immer wieder sucht und findet dieser Gelegenheiten, um das mit Ann voller Wonne zu tun.
Ann wird recht bald schwanger, das Verhältnis mit dem Bauern läßt sich nicht mehr verheimlichen.
All diese widerstreitenden Gefühle, Empfindungen und Glaubenssätze verursachen Chaos im Körper von Ann.
Die Lunge steht als Organ für die Lebensfreude.
Ann kann keine Lebensfreude mehr empfinden unter dieser Schuldlast, die sie sich auf die Schultern gelegt hat.

Wir arbeiteten intensiv an den Gefühlen aller beteiligten Personen.
Anns Unerfahrenheit hatte zunächst dazu geführt, daß sie sich in die Situation mit dem Bauern begeben hatte.
Das Bewußtsein von Ann, unberührt und unschuldig zu sein, ließ das Gefühl aufkommen: 'er mißbraucht mich'. Nun war es für Elke wichtig, sich genau in Ann einzufühlen. Elke fühlte, was Anns Körper wollte, nämlich Sexualität, Vereinigung mit einem Mann. Und zwar mit einem Mann, der genau wußte, was er da tat, der sich damit auskannte. Und nicht etwa mit einem unerfahrenen Knecht in ihrem Alter.
Sexualität war für Ann so fremd, so unbekannt und angstbesetzt, daß Ann unbewußt nach der Sicherheit eines Mannes mit Erfahrung gesucht hatte.
Ann signalisierte dem Bauern auf der körperlichen Ebene sehr deutlich ihre Bedürfnisse und ihre Bereitschaft dazu, sie erfüllt zu bekommen. Elke fühlte sehr genau, daß der Bauer im Past-Life lediglich auf die Körpersprache der jungen Magd reagiert hatte und daß es keineswegs Mißbrauch war.

Elke spürte zu ihrer größten Überraschung, daß die Bäuerin gehofft hatte, Ann würde die Geliebte ihres Mannes werden. Sie selbst mochte nicht mit ihrem Mann schlafen, sie fürchtete jedesmal erneut, schwanger zu werden. Und das wollte sie unbedingt vermeiden. Die Bäuerin wußte, wenn er mit der Magd schliefe, ließe er sie in Ruhe. Sie erkannte dann sehr schnell, daß das nur funktionierte, wenn sie ihm ein gehöriges Schuldgefühl einsuggerierte, ansonsten hätte er auch zwei Frauen lieben wollen. Aus Gründen der Glaubhaftigkeit spielte sie dann auch Ann gegenüber die eifersüchtige, verletzte Ehefrau.

Der Bauer begehrte das junge Mädchen sehr. In diesem wundervollen Sommer mochte er der geballten Erotik, die dieser Körper ihm zeigte, nicht standhalten. Er begehrte Ann nicht nur, er empfand auch tiefe Gefühle für sie. So war es ihm gar nicht recht, diese wunderbare junge Frau in diese prekäre Lage zu bringen. Ann, die ihm so traumhaft schöne Stunden bescherte, sollte nicht unter der Mißbilligung seiner Frau zu leiden haben. Und die Schande, die die Gesellschaft über Ann entlud, mochte er ihr eigentlich nicht zumuten. Doch er sah keine Möglichkeit, die Situation für Ann erträglicher zu gestalten. Das führte bei ihm zu einem massiven Schuldgefühl.

Elke konnte nun exakt zwischen den Gefühlen der einzelnen Personen differenzieren.

Ann hatte zwar ein Bedürfnis nach Sexualität, wollte aber das einsuggerierte und selbstsuggerierte Schuldgefühl nicht mehr ertragen.

Der Bauer begehrte Ann und fühlte sich beiden Frauen gegenüber schuldig, obwohl er exakt deren Bedürfnisse erfüllte.

Die Bäuerin hatte ihre gewünschte Ruhe, konnte sie jedoch nur durch zur Schau gestellte Verletzung erhalten.

In Elkes Leben hatte es auch so eine Dreier-Konstellation gegen.
Elke war als Achtzehnjährige durch ihren Chef in die Geheimnisse der Sexualität eingeführt worden.
Elkes Chef war auch verheiratet gewesen.

Als Elke die Gefühle der Ehefrau durch ihr Whole-Self nun verdeutlicht bekam, war ihre Verblüffung perfekt.
In diesem Leben hatte sich alles exakt so ereignet, wie es ihr die Past-Life-Situation gespiegelt hatte.

Jetzt verstand Elke die Past-Life-Bilder.
Sie drückten ihre unterbewußte Einstellung aus, Sexualität sei

schlecht, unmoralisch, verurteilenswert und letztendlich sogar lebensbedrohend.
Das blockierte bei der so vitalen Elke ganz enorm die Lebensfreude und machte somit Lunge und Bronchien anfällig.
In der Gegenwart verlaufen Elkes Beziehungen noch nach demselben Muster. Irgendein/e Beteiligte/r unterstützt Elkes Auffassung, daß auf diese Weise gelebte Sexualität doch nicht in Ordnung sei.
Wenngleich auch heute noch alle Beteiligten genau das bekommen, was sie wollen.
Ihr Kommentar dazu: „Dann könnte ich' s ja eigentlich auch genießen! “

*

Carmen, überaus sympathisch, warmherzig, intelligent und gutaussehend kam zur Whole-Self-Methode, um an ihrer Unsicherheit zu arbeiten.

Wenngleich es mir theoretisch klar war, daß unsere Selbsteinschätzungen in den seltensten Fällen mit der Wahrheit übereinstimmen, so erstaunten mich die Probleme von Carmen doch sehr. Wenn eine auf nahezu allen Gebieten so überdurchschnittliche Frau sich fast ausschließlich mit vermindernden Eigenurteilen belegt, muß ich mir schon sehr bewußt die auslösenden Ursachen für dieses Verhalten ins Bewußtsein rufen, um der Klientin das notwendige Verständnis entgegen zu bringen und nicht mit unangemessener Ungeduld zu reagieren.

Carmen wurde von meinen Töchtern gleich ins Herz geschlossen. Diese Teens verfügten über eine erstaunliche Menschenkenntnis. Sie erkannten in Carmen gleich die liebenswert sympathische Zeitgenossin.
Da die Sitzungen der Whole-Self-Methode einen großen Zeitraum umfassen, und meine Praxis innerhalb des Wohnhauses liegt, lassen sich während der Pausen Kontakte zwischen KlientInnen und meinen Töchtern nicht vermeiden.
Meine drei Töchter sahen Carmen und mochten sie gleich sehr.

Doch recht bald merkte ich, wie sich Carmen von diesen offenen, warmherzigen Gesprächen mit den Teenies zurückzog.
Dabei hatte ich bemerkt, daß ihr die drei auch sehr am Herzen lagen.
Warum genoß sie die so unkomplizierte Zuneigung meiner Töchter nicht?
Warum nahm sie deren Bestätigung nicht an? Die Jugendlichen waren doch offensichtlich ojektiv.
Die Objektivität der Therapeutin konnte sie ja noch leicht in Zweifel ziehen, denn Bestätigung gehört ja wohl zu deren Job.
Aber nun waren da drei lebhafte junge Frauen im Alter zwischen 13 und 18 Jahren, die ganz ohne Eigeninteresse Carmen eine warme Zuneigung entgegenbrachten.
So häufig geschah es Carmen nicht, daß andere Menschen ihr mit so offenem Herzen begegneten. Sie beklagte während unserer gemeinsamen Arbeit in ihrem Leben einen Mangel daran. Und nun hätte sie diese Herzensenergien gleich in mehrfacher Ausfertigung erhalten können, und sie zog sich zurück.

Meine Töchter erkannten es sofort, daß Carmen mit so viel entgegengebrachter Sympathie nicht umgehen konnte und respektierten Carmens Rückzug. Sie wußten, daß das Verhalten nichts mit ihnen zu tun hatte.
Ich hoffte inständig, meine Töchter könnten sich ihre Sensitivität auch im Erwachsenenleben erhalten.

Carmens Past-Life erklärte einiges über ihr Verhalten und die passend dazu installierten Glaubenssätze.

Carmen sieht sich als Rokokodame an einem adeligen Hof in Frankreich.
Sie spürt zunächst nur angenehme Lebensgefühle, die sich in ihrem Körper als Wonnegefühle in allen Organen, den Extremitäten und der Haut darstellen.

*Im weiteren Verlauf befindet sich Carmen in einem Park.
Sie erblickt eine Mauer und ganz viel Grün.
Ein wunderschöner junger Mann begleitet sie.
Sie erkennt in ihm ihren ganz in Blau gekleideten Tänzer wieder.*

Sie hatten kürzlich zusammen auf einem Ball getanzt. Der junge Herr hat sich der hübschen, klugen Carmen gegenüber sehr zugetan gefühlt. Er hat sich heimlich vorstellen können, aus ihnen werde einmal ein Paar werden. In seinen Phantasien und Wünschen verband ihn mit dieser ansehnlichen Frau bereits eine Liaison.

Aber nun im Park muß die Rokokodame die heftigsten Vorwürfe von diesem Mann, für den sie auch Liebesgefühle empfindet, über sich ergehen lassen.

*Was ist inzwischen geschehen?
Die beiden tanzen auf dem Fest in Anwesenheit aller wichtigen Leute der Gesellschaft miteinander. Die Stimmung ist überschwenglich bis ausgelassen. Alle amüsieren sich gut.
Nun verleiht Carmen ihrer Lebensfreude Ausdruck und tanzt nach ihrem eigenen Empfinden. Sie hält sich nicht an die vorgesehenen Tanzschritte, sondern lebt ihre Kreativität und bewegt sich nach eigenen Vorstellungen. Alle Anwesenden sehen ihr dabei aufmerksam zu.*

*Dieser eigene aus der Norm fallende Körperausdruck schockiert ihren Tanzpartner zutiefst. Er hat sich innerlich schon so sehr mit dieser Frau verbunden gefühlt, daß er nun das Befremden der Zuschauer befürchtet und auf sich selbst bezieht. Er fühlt sich blamiert und bloßgestellt. Und das teilt dieser Edelmann nun im Park seiner ehemals Angebeteten auch schonungslos mit. Er macht sie für seine vernichtenden Gefühle verantwortlich.
Die ach so lebendige junge Frau reagiert mit Unsicherheit.*

Nun betrachteten wir bei der Besprechung das Past-Life von Anbeginn an.
Zuerst fühlte die Rokokodame übersprühende Lebensfreude.
Daß Carmens Leben nicht nur glanzvoll unkompliziert verläuft, auch wenn ihre Lebensfreude als sehr angenehmer Faktor zu werten ist, erkennen wir an dem Bild der Mauer.
Carmen wußte in ihrem Leben bereits, was Liebe ist, denn im Past-Life sah sie sehr viel Grün. Grün ist die Farbe des Herzchakras. Tauchte das Grün an einer so zentralen Stelle im Past-Life auf, konnten wir davon ausgehen, dadurch einen Hinweis auf die im aktuellen Leben von Carmen vorhandenen Liebesenergien erhalten zu haben. Nun war die Mauer unmittelbar mit dem Grün verbunden, ein Indiz dafür, daß in Carmens Leben die Liebe durch Blockaden behindert wurde, denn, wenn irgendwo eine Mauer steht, können wir nicht weitergehen.
Carmen wünschte, mit einem Mann kommunizieren zu können, was uns die blaue Farbe seiner Kleidung verriet. Blau ist uns als Farbe des Halschakras bekannt und steht für Gespräch, Verständnis, funktionierenden verbalen Austausch.

Und nun kommen wir zum Kern der Schwierigkeiten.

Carmen konnte nun unmittelbar nachempfinden, daß sie selbst sich verurteilte, wenn sie ihre Spontaneität und Kreativität zum Ausdruck brachte. Der junge Mann aus dem Past-Life formulierte lediglich Carmens heimliche Eigenverurteilung. Sie litt zwar sehr unter seinem verbalen Angriff, genau, wie ihr die Eigenverurteilungen zusetzten, gab ihm aber insgeheim recht.
Die größte Problematik in der Beziehung dieser beiden Menschen entstand durch die Symbiose, in die das Paar verstrickt war.
Der junge Mann konnte zwischen der Frau und sich selbst nicht unterscheiden. Und so fühlte er sich für ihr Tun verantwortlich. Ein häufiger Zustand in Zweierbeziehungen.

Lebte er mit ihr in einer Symbiose, mußte bei ihr auch ein aktiver Anteil daran zu verzeichnen sein, sonst würde sie diese Verbindung nicht auf diese Art angestrebt haben.
Dadurch erhielten wir einen wichtigen Hinweis auf ein Muster, das Carmen sicherlich noch immer in den unterschiedlichsten Beziehungen leben und erleben wird.

Kommen wir zu dem Gefühl der Unsicherheit.
Dies entsteht immer dann, wenn auf einen Menschen sich widersprechende Gefühle einwirken. Welches dieser Gefühle setzt sich nun durch? Welches Gefühl ist wahr? Und welches trägt zu meiner Sicherheit bei?
Sind diese Gefühle nahezu gleichwertig, handelt es sich nicht um Gefühle, sondern um Emotionen, die den Menschen nicht bewußt sind, dann halten sie diese Menschen in Unsicherheit und manchmal auch Handlungsunfähigkeit gefangen.
Bei Carmen verursachten die Lebensfreude und die Angst vor Selbstausdruck eine Blockade.
Genau wie die Liebe und die Symbiose.

Diese unvereinbaren Qualitäten blockierten den Fluß in Carmens Beziehungen und lösten ihre Unsicherheit aus.

*

In unserer Kultur war es in der Vergangenheit üblich, daß Menschen in Symbiose miteinander lebten.

Was heißt das?
Wir kennen diesen Begriff aus der Biologie. Dort wird dieser Begriff angewandt, wenn zwei Organismen tierischer oder pflanzlicher Art eine andauernde Lebensgemeinschaft miteinander eingehen und sich dadurch gegenseitig nutzen, wobei jeweils ein Organismus irgendwelche Energien des anderen für sich verwertet.

Bei zwischenmenschlichen Beziehungen wird das Wort Symbiose benutzt, wenn es um emotionale Abhängigkeit vom Partner/von der Partnerin geht.
Zur Symbiose neigende Menschen denken für andere mit, fühlen für andere mit und handeln für andere.
Dabei ist sorgsam Symbiose von echtem Mitgefühl zu trennen.
Bei letzterem wird ein warmes Gefühl für die Betroffenen registriert, was die Mitfühlenden empfinden, sie machen jedoch das jeweilige Gefühl derjenigen, um die es geht, nicht zu ihrem eigenen Gefühl, nicht zu ihrer eigenen Betroffenheit.
Symbiose wurde in der Vergangenheit durch die althergebrachte Form von Ehe sehr begünstigt.

Ehefrauen identifizierten sich über ihre Männer und über ihre Kinder. Sie selbst übten den Beruf der Hausfrau aus, wie nahezu alle anderen Frauen auch. Indem eine Frau nun ihren Mann oder ihre Kinder so unterstützte, daß diese zu besonderen Leistungen fähig waren, konnte sie scheinbar für sich Erfolgserlebnisse erzielen, die über den allgemeinen Erfolg wie die sauberste Wäsche, das leckerste Essen, den gepflegtesten Haushalt hinausreichten.

Jede Ehe, in der die beruflichen Aktivitäten sehr unterschiedlich verteilt sind, begünstigt die Gefahr einer Symbiose.
Leider werden solche Beziehungen auch noch durch unsere Steuergesetzgebung belohnt.

Allerdings sind Symbiosen auch in allen anderen Formen von Beziehungen vertreten.

Zu früheren Zeiten schienen symbiotische Beziehungen zwar belastet zu sein, sie funktionierten jedoch einigermaßen, denn diese Beziehungen hielten häufig über sehr lange Zeiträume.

Symbiotische Beziehungen sind in unserer Zeit nicht stabil, durch die Symbiosen werden die Betroffenen in ihrer Entwicklung gehemmt. Entscheidend dabei ist, daß die Aufmerksamkeit in der Symbiose bei dem/der PartnerIn liegt.
Ich selber kann nur wachsen, wenn ich auf allen Ebenen die Verantwortung für mich übernehme und auch bereit bin, in Beziehungen Verantwortung zu leben. Das heißt, ich lasse meinem Partner/meiner Partnerin seine/ihre Gefühle, Gedanken, Emotionen und Erlebnisse. Alles andere würde bedeuten, von den Energien der Mitmenschen zu leben.
Symbiose ist eng verknüpft mit Macht und Kontrolle.
Will ich eine symbiotische Struktur auflösen, ist mir das nur möglich, wenn ich die Muster von Macht und Kontrolle mit bearbeite.

Eine wirksame Methode dafür wird im letzten Kapitel vorgestellt.

In der heutigen Zeit scheinen nur noch gesunde Beziehungen Bestand zu haben. Dazu ist es unabdingbar, daß ein Mensch seine Energien durch die Verbindung zu sich selbst erneuert. Nur Menschen, die in Verbundenheit mit sich und all ihren Ebenen leben, können sich entwickeln, neu energetisieren, wann immer es nötig ist, und sind fähig, funktionierende Beziehungen zu erfahren.
Immer dann, wenn auf irgendeine Art und Weise die Energien von anderen Menschen bezogen werden, führt uns das in Blockaden.
Alles, was letztendlich zu Blockaden führt, was unsere Entwicklung behindert, läßt sich kaum noch aufrechterhalten.
Und so brechen unzählige Partnerverbindungen auseinander, ohne daß den Beteiligten oftmals der Sinn dahinter klar wird, denn der ist für die Menschen, die in der Symbiose verhaftet sind, nicht zu erkennen.
Sie verwechseln Symbiose mit Liebe.
Wenn ein Mann oder eine Frau jedes Gefühl beim Partner bzw. bei der Partnerin genau so registriert, wie sein/ihr eigenes, dann wird so ein Verhalten in den meisten Beziehungen als Liebesbeweis gewertet.
Verwechseln symbiotische Menschen aber ihre Symbiose mit Liebe, wird es ihnen furchtbar schwer werden, den wahren Grund des Scheiterns ihrer Beziehung zu verstehen. Sie glauben, ihre Liebe werde abgelehnt. Das führt zu Verbitterung und zu Hilflosigkeit, denn für Liebe gibt es in Beziehungen keine Alternative, sie wissen nicht, was sie in einer neuen Beziehung verändern können, damit diese erfolgreicher verläuft.
Die symbiotischen Verhaltensweisen, die dringend einer Veränderung bedürften, entziehen sich ja ihrem Bewußtsein.
Dem Phänomen der zahllosen Trennungen stehen wir im allgemeinen etwas ratlos gegenüber, wenn wir nicht gerade der

therapeutischen Zunft angehören und den Ursachen leichter auf den Grund blicken.
Nach meiner Vermutung sind kosmische Energien für diesen Trend mit verantwortlich.
Wir befinden uns nun zu Beginn des Wassermannzeitalters. Der Wassermann gehört in der Astrologie zu den Luftzeichen. Und Luft steht für das geistige Prinzip und begünstigt rasche Veränderungen.
Auch Menschen, die nicht an die Wirksamkeit der Astrologie glauben, müssen doch die raschen Entwicklungen und Veränderungen registrieren, die die Menschheit zur jetzigen Zeit zu verkraften hat. So revolutionäre Entwicklungssprünge hat es bislang in der Geschichte, die uns bekannt ist, nicht gegeben.

Ein astrologisches Zeitalter beginnt dann neu, wenn die Sonne zum Frühlingsanfang in einem anderen Sternbild aufgeht. Ein astrologisches Zeitalter dauert ca. zweitausend Jahre.
Mit Jesus begann das Fischezeitalter, aus dem Grunde sehen wir Jesus häufig mit Fischen abgebildet.
Einige Bilder stellen Moses mit Widderhörnchen dar. So wird vermutet, Moses sei der geistige Führer zu Beginn des Widderzeitalters gewesen.

*

Rüdiger lebte jahrelang von seiner Frau getrennt. Dann reichte er die Scheidung ein. Nach der Verhandlung kam er strahlend zu mir und sagte: „Ich bin endlich frei!"

Rüdiger war Single und das schon seit der Trennung von seiner Frau. Er hatte nie mehr die Chance gehabt, eine neue Beziehung zu beginnen.
Rüdiger litt unter der Einsamkeit. Er hatte insgeheim gehofft, daß er sich im Anschluß an seine Scheidung leichter tun würde, sich neu an eine Partnerin zu binden.
Rüdiger hatte intensiv daran gearbeitet, sich auf allen Ebenen von seiner Frau zu lösen.
Ich hatte ihn dabei begleitet und beurteilte die Ergebnisse als durchaus akzeptabel.

Zwischenzeitlich hatte es sich ergeben, daß Rüdiger den Kontakt zu einer Nachbarin, Renate, intensivierte. Die zwei besuchten gemeinsam kulturelle Veranstaltungen und überlegten sogar, miteinander zu verreisen. Das scheiterte schließlich, weil Renate sich nicht dafür entscheiden konnte.
Immer wieder sahen sie sich, gingen miteinander zum Essen aus, halfen sich gegenseitig bei Reparaturarbeiten in ihren Wohnungen und verstanden sich ausgezeichnet.

Rüdiger liebte diese Frau zaghaft. Er machte ihr sehr deutlich, daß er sich eine Love-Story mit ihr wünschte.
Alle Bekannten waren mit ihm der Ansicht, daß die Energien der beiden ausgezeichnet miteinander harmonierten.

Renate brachte Rüdiger unverhohlen sehr viel Sympathie entgegen. Sie liebte Rüdiger wohl auch, war sich aber dieser Liebe nicht bewußt. Und wenn sie es gewesen wäre, hätte sie nichts eiliger zu tun gedacht, als diesen Gefühlen davonzurennen. Renate hatte bisher noch keine gleichberechtigte Beziehung ausgehalten. Ihre Freunde waren stets mindestens zehn Jahre jünger gewesen als sie. Außerdem mußten die Männer überdurchschnittlich gut aussehen, um von ihr akzeptiert zu werden, was wir bei allen Menschen, die ein geringes Selbstwertgefühl haben, beobachten können. Sie versuchen, sich durch eine/n besonders hübsche/n PartnerIn aufzuwerten, was aber nicht den Umkehrschluß zuläßt, daß Leute, die mit gutaussehenden PartnerInnen liiert sind, ein mangelndes Selbstwertgefühl zu beklagen haben. Hier ist die Rede von Menschen, die niemals mit durchschnittlich aussehenden Wesen eine Verbindung eingehen würden, auch wenn sie selbst nicht unbedingt den gängigen Schönheitsidealen entsprechen.
Rüdiger war ein gutaussehender junger Mann, doch leider konnte er nicht mit seiner Schönheit blenden, wie Renate es gerne gehabt hätte.
Außerdem lagen die beiden altersmäßig nicht so sehr weit auseinander. Wäre Rüdiger um einiges jünger gewesen oder nicht so ein gestandener Mann gewesen, hätte der Gedanke an eine Beziehung mit ihm Renate nicht so viel Angst gemacht.

Rüdiger hatte in den vergangen Jahren einige Psychoarbeit geleistet, so daß er sich ganz bewußt Renates Muster verdeutlichen konnte. Mental hatte er sehr wohl begriffen, was die Verhinderungsgründe für eine partnerschaftliche Bindung bei Renate waren.

Um zu erfahren, was die eigentliche Ursache für Rüdigers andauernde Partnerinnenlosigkeit war, und um den diesbezüglich quälenden Gefühlen auf den Grund zu gehen und außerdem die Ursache für seine ständigen Krankheiten aufzuspüren, sahen wir uns dann ein Past-Life an.

Rüdiger sieht sich als Mann mit Namen Michael.
Er arbeitet als selbständiger Goldschmied.
Und er lebt mit seiner Frau und seinen Kindern zusammen in einem kleinen Dorf.

Michael befindet sich in einer finanziell leicht angespannten Situation. Das Geld ist knapp.
Er verfügt nicht gerade über angenehme Lebensgefühle und beschreibt die Situation als schwer und zähflüssig.

Wir blenden uns ein, als Michael aufmerksam bei seiner Arbeit einen wunderschönen Anhänger mit einem Saphir herstellt.
Seine Frau erscheint in der Werkstatt und erkundigt sich nach der Empfängerin für dieses Schmuckstück.
Michael antwortet, er habe es für sie gemacht.
Seine Frau wird wütend, sagt ihm, sie erwarte etwas Besseres und Michael könne es doch nie erreichen, daß er etwas für sie mache, was ihr auch wirklich gefiele.

Michael empfindet diese Zurückweisung als niederschmetternd.
Er investiert qualifizierte Arbeit, goldenes Metall und einen echten Edelstein, den hochwertigen Saphir. All diese Ausgaben schlagen in dem kleinen Handwerksbetrieb schwer zu Buche.
Michael will mit dem Anhänger seine Liebe beweisen, will

sich „an seine Frau hängen", und hat sich als Lohn dafür ihre Zuwendung versprochen.

Seine Frau weist seine Bestrebungen vehement zurück.

Michael leidet emotional furchtbar, und seine Lunge erkrankt.

Nach dem Abschluß dieses Past-Lifes, was mit absoluter Sorgsamkeit abgeschlossen werden muß, damit Rüdiger auf allen Ebenen weiß, daß diese Szenen nicht mit seinem jetzigen Leben identisch sind, sondern lediglich seine Gefühle verdeutlichen, begann die Auswertung all dessen, was Rüdiger gefühlt und erfahren hat.

Rüdigers Lebensgefühle könnten von einer positiveren Art sein, was wir direkt Michaels Äußerungen über sein eher belastendes Lebensgefühl entnehmen können.
Rüdigers häufigen Krankheiten zeugen von einer Gedankenstruktur, die er verändern müßte, um mehr Gesundheit zu erfahren. Auch das Fehlen einer von ihm erwünschten Partnerschaft zeugt von mentalen und emotionalen Blockaden.
In früheren Arbeiten ließ Rüdiger Tendenzen erkennen, daß er in seinem Leben einiges an Überzeugungen von seinen Eltern übernommen hatte.
Der zur Situation passende Spruch, den er zu Hause in solchen Situationen gehört hatte, paßte ausgezeichnet hierher. Rüdiger sagte, er habe von Vater und Mutter immer wieder gehört: „Und sei zufrieden mit dem, was ist!"
Nun mochte sich Rüdiger jedoch nicht damit zufrieden geben, daß er ohne eine Frau durchs Leben gehen sollte. Nach der Überzeugung seiner Eltern sollte er sich jedoch zufrieden in die Situation hineinbegeben, die für ihn nicht auszuhalten war.
Wie kann man Eltern davon überzeugen, daß es anders werden muß, als es ist? Ganz einfach, indem das Kind krank wird. Dann begreifen alle Eltern, daß sich etwas ändern muß.

So begab sich Rüdiger in eine Krankheit nach der anderen, um den richtenden Eltern in sich zu beweisen, daß eine Änderung nicht nur gerechtfertigt wäre, sondern unabdingbar. Rüdiger sollte sein inneres Kind wachsen lassen, und zwar unter liebevolleren Bedingungen, als es dem Knaben Rüdiger ermöglicht wurde.

Der Anhänger ist als Symbol recht wörtlich zu deuten. Rüdiger möchte wie Michael sich an (s)eine Frau hängen. Er möchte auch das, was er mit diesem Schmuckstück erreichen will, direkt an der Frau festmachen. Rüdigers umfassendes Wissen um die Bedeutung der Symbolsprache und um das Wirken von Edelsteinen verhalf ihm nun zu tiefen Einsichten.
Gold steht für die hohen Ziele, die er sich gesteckt hat.
Und ein Saphir verfügt über Energien, die hervorragend zu Rüdiger passen.
Viele sensitive Menschen haben versucht, die Qualitäten der Edelsteine zu entschlüsseln, ihnen ihre speziellen Wirkungsbereiche ganz präzise zuzuordnen. Dabei kommen häufig die unterschiedlichsten Beschreibungen zutage, doch in der Wirkungsweise des Saphirs sind sich viele AutorInnen von Edelsteinbüchern einig. Vielleicht fällt es bei einem Edelstein mit einer so starken Ausstrahlung einfach leichter, die auf die Anwendung folgenden Veränderungen zu registrieren, sie scheinen deutlicher auszufallen, als das eventuell bei Halbedelsteinen möglich ist.
Dem Saphir wird eine Einwirkung auf den Geist eines Menschen nachgesagt. Der Saphir solle ordnend auf unsere Gedanken einwirken und zwar in der Weise, daß destruktive Gedanken letztendlich unterbleiben.
Diese Art von Gedanken wird in Verbindung mit den dazugehörigen Emotionen die Wurzel des Übels im Gesundheitsbereich und privatem Glück sein.
Rüdiger war sich nicht sicher, daß er es verdient habe, von Renate geliebt zu werden. Seine geheimen Eigenurteile lauteten,

nicht liebenswert, nicht gut genug, nicht wertvoll und hilflos zu sein. Und dennoch empfand er Renates Zurückweisung in Sachen Partnerschaft als niederschmetternd. Er hatte verinnerlicht, daß Renates Ansprüche derart gestaltet waren, daß er sie nicht erfüllen konnte. Hübsch zu sein, reichte ihr nicht aus, und sein Alter konnte er nicht ändern, er war halt nicht der junge Beau, den Renate sich erträumte.
Auf Rüdigers Situation bezogen, hieße das, daß sein Whole-Self bereits von der Notwendigkeit der Änderung einiger Gedankenformen überzeugt war, da das Whole-Self ihm zur Verdeutlichung dieser Erfordernis den Saphir als Bild schickte. Zwar hatte Michael diesen Anhänger für seine Frau vorgesehen, jedoch können wir davon ausgehen, daß Michael diese für ihn selbst notwendige Veränderung auf seine Frau projiziert.

In der Realität von Rüdiger fürchtete er sich auch nicht selber vor einer Beziehung mit Renate, sondern projizierte diese Angst auf die Frau. Er glaubte auch, sie habe die Urteile von *nicht gut genug* und *nicht liebenswert* zu ändern.
Im Past-Life *fühlte* er dann, daß Michael die stillen Eigenurteile in sich trug, die die Frau dann zum Ausdruck brachte.

Ohne dieses Past-Life wäre sich Rüdiger seiner Opferrolle nicht bewußt geworden.
Opfer ist ein Mensch dann, wenn er/sie keine Alternative kennt.
In Rüdigers Realität hatte er nicht die Macht, als liebenswert beurteilt zu werden. Es ging ja schließlich um Renates Empfinden. Das konnte er ja seiner Meinung nach nicht beeinflussen.
Damit hat er möglicherweise sogar recht. Nur wird er, wenn er seine Selbstbeurteilungen ausbalanciert hat, die Reaktivität aus der Beziehung mit Renate nehmen können, er wird dann nicht mehr mit einer Verletzung reagieren, wenn er bei Renate

die Ansprüche an eine Partnerschaft feststellt, die er nicht erfüllen kann.
Trifft Rüdiger seine bisherigen Selbsturteile nicht mehr, wird er Renates Ablehnung auch nicht mehr als „niederschmetternd" empfinden. Dann kann er nicht nur mit seinem Mentalkörper Renates Agieren verstehen, sondern sie mit seinem Whole-Self in ihrer Gesamtheit erfassen und annehmen.
Dann wird sich eine andere Frau finden, die diesen ausgesprochen passablen Mann mit Freude und Liebe als Partner annimmt.

Wieder einmal bekommen wir einen Hinweis auf eine Erkrankung des Organs, das in der Organsprache für die Lebensfreude steht.
Rüdiger ist gerade mit einer starken Bronchitis in ärztlicher Behandlung, so daß darauf verzichtet werden kann, ihn aufzufordern, die Lunge medizinisch untersuchen zu lassen, das wird bei dem Krankheitsbild automatisch erledigt.

Rüdiger könnte durch eine Änderung seiner Einstellung zu sich selbst zu einem stabileren Gesundheitszustand und zur Zufriedenheit in Beziehungen kommen.

Zur Unterstützung der Whole-Self-Methode wäre für Rüdiger das Tragen von Saphiren sicherlich eine Überlegung wert. Es ist immer sehr hilfreich für unsere Entwicklung, solche Bilder aus der Whole-Self-Methode, wie hier Saphire, als Anregung zu verwerten. Häufig spüren KlientInnen danach ein sehr starkes inneres Bedürfnis, die Zeichen aus den Past-Lifes zu verwirklichen, auch wenn ich nicht darauf hingewiesen hatte. Danach haben sie ausnahmslos einen starken Energiezuwachs zu verzeichnen.

*

Alle Past-Lifes, ja all die Elemente der Whole-Self-Methode müssen sorgsam abgeschlossen werden, damit die KlientInnen auf allen Ebenen begreifen, daß sie *Bilder* gesehen haben, die aber keineswegs mit ihrem Leben identisch sind.
Das gilt nicht nur für die Whole-Self-Methode, sondern für alle Psychoarbeiten, die auf Meditationsbasis durchgeführt werden.

Erfolgt in einem Past-Life ein Trauma (wie in fast jedem Past-Life), und entsteht dann noch aus diesem Trauma heraus eine Krankheit, wie im vorangehenden Kapitel, so ist es doppelt wichtig, dem Menschen auf allen Ebenen zu vermitteln, daß es sich in den *Bildern* des Past-Lifes so zugetragen hat, aber daß die KlientInnen diese Bilder keineswegs so auf das jetzige Leben übertragen dürfen, daß sie sich erneut so eine Krankheit kreieren.
Die Bilder sind als Deutungshilfen für die Gefühle im Jetzt zu verwenden. Darüber hinaus sind sie als Hinweise auf mögliche versteckte physischen Problematiken zu beachten.

Alle Anteile eines Menschen müssen im Anschluß an jede Psychoarbeit und auch im Anschluß an jede Meditation wieder integriert werden.

Meine erste Weisheitslehrerin, Isolde Wende, wies mich zuallererst darauf hin, mit Menschen so zu arbeiten, daß für die betreffenden Personen absolute Sicherheit gewährleistet sei. Sie empfahl, wenn ein Risiko nicht auszuschließen sei, eher nicht zu arbeiten.

Diese Grundsätze imponierten mir sehr und bewährten sich in meiner Praxis. Daher gefiel mir auch die Arbeit mit der Whole-Self-Methode so gut.

Deshalb ist es uns in der Whole-Self-Methode wichtig, darauf hinzuweisen, daß die auf allen Ebenen wirkenden Whole-Self-Abschlüsse für die Arbeit obligatorisch sind. Diese sind aus den schon erwähnten Gründen, daß nur autorisierte Whole-Self-Therapeuten mit dieser Methode arbeiten sollen, nicht in diesem Buch aufgeführt.

*

Herbert war ein Klient, den ich weder vor unserer Arbeit kannte, noch hatte ich durch andere von ihm gehört.
Er erfuhr durch eine Frau, die sich bereits persönlich von dem Nutzen der Whole-Self-Methode hatte überzeugen können, von der Möglichkeit, so zu arbeiten. Eines Tages meldete er sich einfach an, machte recht kurzfristig einen Termin und kam dann völlig sicher in dem Bewußtsein, etwas Gutes für sich zu tun.

Herbert konnte sich als Erfolgsmensch bezeichnen.
Er war glücklich verheiratet, körperlich in einer ausgezeichneten Form und finanziell gut versorgt.

Ich fragte mich zunächst, was dieser Mann wohl durch eine Therapie erreichen wollte. Meistens entschließen sich Menschen erst dazu, wenn der Leidensdruck wegen irgendeines Ungemachs so groß ist, daß es auch für Laien schon ersichtlich ist, daß dieser Mensch dringend etwas ändern muß. Herbert führte verschiedene Gründe an, weshalb er komme, die ich ihm aber allesamt nicht abnahm. Ich äußerte mich nicht dazu, denn ich hatte keinen einzigen Anhaltspunkt für meine Vermutung, daß er aus einem ihm noch nicht bewußten Grund bei mir in der Praxis sei.

Dann, als ich mich eingefühlt hatte, spürte ich, daß da ein unendliches Schuldbewußtsein lauerte.

Ich tastete mich langsam durch die Familienkonstellation vor. Manchmal gibt es dort schon Anhaltspunkte für einen Schuldkomplex (wenn jemand z.B. als viertes Kind geboren wurde und die Eltern wünschten sich eigentlich keinen weiteren Nachwuchs, es sei denn nach drei Söhnen eine Tochter, doch es kam erneut ein Sohn).
Herbert war das älteste Kind und hatte noch eine Schwester. Das schien mir für ihn eigentlich ideal zu sein.

Dann begannen wir mit der Vorgeburtsarbeit.
Nun wurden Spannungen zwischen Vater und Sohn deutlich.
Dazu machten wir ein Past-Life.

Im Past-Life erscheint eine Szene, in der Herbert sich als Kind erlebt.
Sein Name ist Rex ,und er erfährt ein sehr privilegiertes Leben als Königssohn.

Rex spielt und tobt recht unbekümmert. Er hat alle Möglichkeiten der freien Entfaltung. Rex wird von seiner Mutter sehr geliebt. Seine kleine Schwester und die Untertanen haben unter seinen Teufeleien oft zu leiden.
Rex kann nicht genug im Mittelpunkt stehen, er verlangt sehr viel Aufmerksamkeit. Die Königin, seine Mutter, läßt ihm so viel davon zukommen, wie es ihr möglich ist.
Doch der Vater verhält sich seinem Sohn gegenüber äußerst reserviert. Er sorgt für eine qualifizierte Ausbildung des Knaben, aber er läßt jede persönliche Zuwendung vermissen.
Eines Tages sagt der König zu seinem Sohn: „Du bist jetzt alt genug, du mußt nun schwimmen lernen! Ich selbst will dich unterrichten."
Seltsam berührt durch den persönlichen Einsatz des Königs

folgt Rex seinem Vater zum nahegelegenen Fluß. Niemals zuvor hatte dieser die Ausbildung von Rex selber in die Hand genommen, sondern bislang hatte der König diese Aufgabe an verschiedene Leute delegiert, die ihm jeweils als kompetent erschienen. Sollte es doch noch so sein, daß er, Rex, dem Vater wichtig wäre?
Der König steigt höchstpersönlich in die Fluten und zeigt seinem Sohn nahe dem Ufer die notwendigen Bewegungsabläufe. Dann soll Rex sie nachvollziehen.
Rex legt sich auf das Wasser, gestützt durch den starken Arm des Königs, und er versucht, die Bewegungen des Vaters zu kopieren. Es geht so leidlich. Der Vater erwartet Perfektion. Er wird ungeduldig. Er schimpft, steigert sich in Wut, und je ungehaltener der König reagiert, desto ungeschickter werden die Bewegungen des Kindes. Plötzlich zieht der Vater seinen Arm weg, auf dem der Knabe Halt gefunden hatte, und Rex versinkt im Wasser.
Der Vater sieht voller Zorn und Haß zu, wie sein Sohn verzweifelt um sich schlägt, um wieder an die Wasseroberfläche zu gelangen. Aber die hektischen Bewegungen des Jungen bewirken genau das Gegenteil, sie halten ihn unter Wasser. Das Kind kämpft um sein Leben, und der Vater regt keine Hand. Dann, als die Bewegungen des Kindes enden, wird sich der Mann bewußt, was er da tut, und er greift ins Wasser, zieht seinen Sohn an den Haaren heraus, legt sich das leblose Kind über die Schulter und verläßt eilends den Fluß.
Und wie das Wasser aus dem Kind herausfließt, kehren auch die Lebensgeister zurück.
Von dem Tag an fürchtet sich Rex vor seinem Vater und versucht zu vermeiden, mit ihm alleine zu sein.

Der Vater im Past-Life war identisch mit Herberts Vater in der Realität, auch seine Mutter und seine Schwester stimmten den heutigen Familienmitgliedern überein.

Den ersten Hinweis auf die Schwierigkeiten in Herberts Ursprungsfamilie erhielten wir durch den Namen des Knaben. Rex ist das lateinische Wort für König. Unterbewußt glaubte Herbert, er sei der erste Mann in der Familie und nicht der Vater. Darin mußte der Schlüssel für den Haß des Vaters liegen. Die Mutter räumte dem Sohn zu viel an Zuwendung und Liebe ein, für den Vater blieb kaum etwas übrig. Außerdem wird der Vater befürchtet haben, seine Frau wünsche sich den Sohn als Partner. Die Beziehung der Eltern brutzelte auf kleinster Sparflamme dahin.
Die Verbitterung darüber legte der Vater auf seinen Sohn und machte nicht etwa seine Frau und sich selber für die Mängel in der Partnerschaft verantwortlich.
Seit Herberts Geburt hatte die sonst mit ihren Gefühlen sehr zurückhaltende junge Frau sich der Liebe zu dem Kind geöffnet. Herberts Vater fühlte sich davon ausgeschlossen. Er hätte auch dringend Liebe gebraucht. Doch ihm gegenüber verschloß sich seine Frau noch mehr als bislang schon.

Herbert verbrachte, wie im Past-Life deutlich erkennbar, sehr unbekümmert und mit wenig Mitgefühl für seine Mitmenschen seine Kindheit und Jugend. Herbert war nicht die Möglichkeit gegeben, echtes Mitgefühl zu entwickeln. Seine Eltern verfügten auch nicht darüber. Seine Mutter liebte ihn abgöttisch, was immer bedeutet, daß eine Abhängigkeit vorliegt und es sich keineswegs um Liebe handelt. Sie ließ es zu, daß Herbert andere rücksichtslos behandelte, konnte auch nicht anders handeln, da ihr das Mitgefühl fehlte. Damit erzog sie Herbert zur Rücksichtslosigkeit.
Durch die Whole-Self-Methode erkannte Herbert, daß bei der Mutter keine *Schuld* lag, denn sie selbst hatte nie Mitgefühl oder Liebe erfahren.
Herberts Vater hatte auch keine Liebe erhalten und dadurch nie Mitgefühl entwickeln können.
Menschen können nur das weitergeben, worüber sie verfügen.

Als die Schwester zur Welt kam, widmete der Vater diesem Mädchen seine ganze Aufmerksamkeit und konzentrierte seine Art Liebe zu leben, auch in Abhängigkeit, auf dieses Kind.
Herbert hätte von seinem Vater auch Zuwendungen gebraucht. Er konnte sich noch so sehr um etwas bemühen, selbst bei enormen Leistungen übersah ihn der Vater, ansonsten tadelte er ihn.
Die kleine Schwester bekam all seine Aufmerksamkeit und Bewunderung, für Herbert wurde der Mangel an den Gefühlen des Vaters so besonders deutlich.

Herbert schilderte voller Kummer, was sich daraufhin in seiner Kindheit ereignet hatte.
Auch Herbert suchte für seine Probleme eine/n Schuldige/n, genau wie im Past-Life der König. Herbert nahm es seiner Schwester sehr übel, daß sie so mühelos die Liebe des Vaters erhielt, worum er sich vergeblich abplagte.
All die erfahrenen Enttäuschungen führten zu Zorn, der sich im Laufe der Zeit in Haß umschlug, welchen er auf seine kleine Schwester projizierte.

Eines Tages faßte er einen Plan.
Herbert beschloß an einem schönen Sommertag, mit seiner Schwester zu spielen. Die Schwester freute sich, als Herbert sie an die Hand nahm, und sich ihr widmete. Er schlug ihr vor, zum Fluß zu gehen, der in der Nähe des Elternhauses floß. Als sie dort ankamen, setzte Herbert die Kleine auf das Brückengeländer, unter dem Vorwand, sie könne dann besser die kleinen Entchen sehen. Dann schob er sie weiter vor, um sie ins Wasser stoßen zu können. Noch hatte er seine Arme um sie geschlungen, doch hätte er losgelassen, wäre sie hinabgestürzt, da er sie bereits sehr weit nach vorne geschoben hatte. Er war fest entschlossen, sie loszulassen. Nach einer Weile ließen seine Kräfte nach, sie war für ihn kaum noch zu

halten. Kurz bevor seine Muskeln ihm den Dienst versagten, zog er die Kleine wieder heran und stellte sie auf die Brücke. Letztendlich hatte er es doch nicht über sich gebracht, das Kind zu töten.

Von dem Tage an plagten Herbert enorme Schuldgefühle, die scheinbar mit seinem Lebensalter anwuchsen. Herbert konnte es nicht fassen, seiner Meinung nach einen so unmenschlichen Plan gefaßt zu haben. Je älter er wurde, desto stärker war ihm bewußt, daß der Tod der Schwester so nahe gewesen war, beinahe hätte er ihn auch dann nicht mehr verhindern können, wenn er sich anders entschlossen hätte, denn er war dem Ende seiner Kräfte sehr nahe gewesen. Am meisten verübelte Herbert es sich, diese Begebenheit so kaltblütig geplant zu haben. Er sagte: „Um ein Haar hätte ich sie ermordet!"

Wir betrachteten noch einmal die Gefühle von Herbert in dem Past-Life.
Was hatte er empfunden, als der Vater ihn im Wasser um sein Leben hat kämpfen lassen?
Hatte Herbert diese Gefühle angenommen? Nein, er hatte sie mit sehr viel Widerstand belegt.
Als Herbert sich das klarmachte, und er erkannte, daß das Gesetz des Widerstandes und die anderen Whole-Self-Gesetze in der Tat Naturgesetze oder Gesetze des Lebens sind, war ihm bewußt, daß die Gesetzmäßigkeit die Wiederholung bedingt. Es war für ihn wesentlich weniger schmerzhaft zu wissen, daß er als Junge einem Naturgesetz gefolgt war, indem er eine Abfolge wiederholte, die sein Whole-Self als hochtraumatisch gespeichert hatte, anstatt sich als kaltblütigen Beinahe-Mörder zu verurteilen.

Nun war deutlich sichtbar, wie eine Zentnerlast von Schuld von seinen Schultern fiel.

Und ich erhielt damit die Antwort auf die Frage, weshalb Herbert in die Therapie gekommen war. Seine Intuition hatte ihn hergeführt, damit er sich endlich von diesen quälenden Gefühlen befreien konnte.

*

„Und kam die goldene Herbsteszeit,
und die Birnen leuchteten weit und breit ...“, um mit einem Zitat aus der berühmten Ballade von Fontane zu beginnen, ja da kamen mir ungewohnt trübe Gedanken.

Ich spürte all die schweren Energien dieses Leidensplaneten. Sie hatten scheinbar nichts mit mir persönlich zu tun, ich war nicht direkt von den Ereignissen betroffen, die mir zu schaffen machten.

Zunächst lag meine Aufmerksamkeit in diesem Herbst ausschließlich auf Leid und Mißständen in den unterschiedlichsten Formen.

So kamen zwei meiner drei Töchter an jedem Mittag in der Woche voller Frust nach Hause und berichteten von Lehrern, unter denen es eine Qual war zu lernen. Mir hatte das Lernen oftmals so viel Freude bereitet, und nun mußte ich tagtäglich hilflos zusehen, wie die beiden aufgeweckten Teenager mit so viel Widerwillen in die Schule gingen.

Und dann konnte ich vor der rapide zunehmenden Armut meine Augen nicht verschließen. Immer zahlreichere und immer jüngere Menschen waren von der Obdachlosigkeit betroffen, und das in der reichen Bundesrepublik Deutschland.

Gewalt und Kriminalität so großen Ausmaßes machten mich traurig.

Beim Einkaufen der Lebensmittel erschrak ich gewaltig, als Schokolade von ganz annehmbarer Qualität für DM 0,59 angeboten wurde. Wobei ich mich doch noch gut daran erinnern konnte, wie vor 35 Jahren eine Frau aus meinem Heimatdorf in Dialekt zu ihrem Bruder gesagt hatte: "Doh öhr doch ne Maak, dat se sick ne Dafel Schokolade kaupen kann".
Da beunruhigte es mich sehr, unter dem Gesichtspunkt der inzwischen erfolgten Preissteigerungen den Preisverfall von Kaffee, Tee, Kakao und anderen Importartikeln registrieren zu müssen.
Was erhalten denn dann die Menschen in den Erzeugerländern noch für ihre Waren?

Hungersnöte, Massenverelendung und zunehmende kriegerische Auseinandersetzungen waren so Themen, die gerade im Herbst nicht dazu beitrugen, daß ich ungehindert meiner Lebensfreude Ausdruck verleihen konnte.

Mir bewußt zu machen, daß alles Leid nur dadurch existiert, weil Menschen an einem Leidbewußtsein festhalten, half mir gerade noch, nicht in Depressionen zu verfallen.
Meine übliche persönliche Grundzufriedenheit schien mir im Vergleich zu der Problematik meiner Umwelt so gering ins Gewicht zu fallen, daß ich in Momenten solcher Überlegungen kaum noch Zuversicht verspürte.

Diese trübe Novemberstimmung hielt einige Tage lang an, bis ich wieder in der Lage war, mich zu zentrieren. Sobald meine Empfindungen wieder mich selbst betrafen und nach innen

gerichtet waren, fühlte ich wieder Glück und Zufriedenheit. Innerlich bin ich, gemessen an dem/der „DurchschnittsbürgerIn“, sofern es den/die denn gibt, außergewöhnlich zufrieden, gelassen und glücklich.
Sobald ich mit meiner Aufmerksamkeit bei mir selbst verweilte, war ich froh und dankbar, mein Leben in dieser Form leben zu können. Es boten sich mir unzählige Möglichkeiten, mein Leben zu gestalten. Die Palette meiner Empfindungen wirkte so breit, meine Wahlmöglichkeiten so zahlreich, daß ich mit freudiger Überraschung jeden einzelnen Tag begrüßte, den ich bewußt, d.h. voller Aufmerksamkeit beging.

Wenn ich fortfahre, mir meine Gefühle bewußt zu machen, dann lebe ich genußvoll. Das heißt nicht, daß ich dann kein Mitgefühl für die Menschen hätte, denen es schlechter geht als mir, doch ich fühle kein Mit*leid*. Mit-leid bedeutet, das Leid der/des Nächsten mit Aufmerksamkeit zu versehen. Und alles, was ich mit Aufmerksamkeit versehe, das verstärke ich, da es sich bei Aufmerksamkeit in Form von Gedanken und Gefühlen um Energie handelt. Und alles, worauf wir Energie lenken, verstärken wir. Spüre ich hingegen Mit*gefühl*, fühle ich *mit* den Mitmenschen, wodurch ich jedoch nicht das Leid der anderen zu meinem Leid mache. In so einem Falle wäre ich selber durch die massiven Gefühle von Leid blockiert und handlungsunfähig.

Wenn der Sommer sich verabschiedet, die Tage kürzer werden, die Natur sich zur Ruhe begibt, die Zugvögel diesen Breitengrad verlassen haben, erscheint der Herbst. In dieser Jahreszeit kann es schon mal vorkommen, daß meine Aufmerksamkeit auf dem Elend und Unglück der Welt liegt.
Zum Glück dauern diese unerfreulichen Gemütszustände nie sehr lange an.
So beobachte ich auch bei einigen KlientInnen, daß sich mit den Lichtverhältnissen auch die Verhältnisse in der Psyche ändern.

Ich selbst benötige dann etwas Disziplin, um mich selbst wieder zu fühlen und zu meiner positiven Grundhaltung zurückzufinden.
Meinen KlientInnen empfehle ich in einigen Fällen, künstliches Licht zur Hilfe zu nehmen.

In diesem Herbst gab es, wie schon beschrieben, auch so eine Abfolge von Negativempfindungen, wie Goethe schon seinen Faust deklamieren ließ: „Der Menschheit ganzer Jammer faßt mich an“. Konstante Arbeit mit mir selbst half mir, zurück zu meiner Lebensfreude zu finden.

Und als ich es gerade geschafft hatte, wohl noch meine ganze Achtsamkeit benötigte, um diesen Zustand stabil zu halten, kam eine neue Klientin zu mir. Diese Frau benötigte gerade die Informationen, die ich zur Zeit für mich neu entdeckt hatte.

Und wieder einmal betrachtete ich voller Bezauberung die wunderbaren Begebenheiten des Lebens.

Meine neue Klientin stand genauso vor ungelösten Gefühlen, wie ich sie soeben erfahren hatte. Auch sie konnte sich nicht mit den Gegebenheiten abfinden. Sie hatte nur andere Konsequenzen aus ihrer Misere gezogen. Sie hatte mehrfach versucht, ihrem Leben ein Ende zu bereiten.

Wie innen, so außen.
Ich hatte mich auch nicht mit dieser Realität auseinandersetzen wollen. Ich wollte zwar nicht mein Leben beenden, aber das wollte auch die Klientin mit den Suizidversuchen nicht.

Kein Mensch, der sich umbringen will, oder es mit Erfolg versucht, beabsichtigt, sein Leben zu beenden. Alle Suizidbetroffenen wollen lediglich bestimmte Gefühle nicht mehr fühlen.

Mir war es ähnlich ergangen. Ich wollte mich meiner Hilflosigkeit angesichts einiger Mißstände in der Welt nicht stellen. Es war mir inzwischen schon klar, daß ich ausschließlich das im Außen wahrnahm, wobei es sich um ein Abbild dessen handelte, was ich in meinem eigenen Leben empfand.
Mir waren meine eigenen Mißstände wohl bewußt, mochte mich aber zunächst nicht mit der Hilflosigkeit befassen, die ich der jeweiligen Situation gegenüber empfand.

Ich arbeitete nicht kontinuierlich genug an der Arbeit, die ich als meine augenblickliche Hauptaufgabe ansah, nämlich dieses Buch zu schreiben. Das dadurch entstandene Unbehagen verursachte mir innerliche Zustände, die mich an Qual erinnerten.
Damit ich diese Gefühle nicht auf mich beziehen mußte, suchte ich zunächst Begebenheiten im Außen, die diese Gefühle aktivierten, so nahm ich das Unbehagen bei meinen Töchtern wahr.
Außerdem spürte ich, daß ein Umzug anstand, den ich aber noch nicht plante. Das dazugehörige Gefühl war, kein Zuhause zu haben, da mein Haus nicht mehr die Bedingungen für ein Heim erfüllte, weil die Zeit für den Wohnortwechsel längst überschritten war, und so kamen Gefühle auf, die leicht die Energie von Obdachlosigkeit annehmen konnten. Daher fühlte ich Betroffenheit beim Anblick der zahlreichen Obdachlosen, die sich in den Städten aufhalten.
Für jedes der zuvor aufgezählten Beispiele gab es ein passendes Pendant in meinem Leben.

Sobald ich den Widerstand gegen die Mißstände im Außen aufgegeben hatte und mein Gefühl nach innen gelenkt hatte, fühlte ich für mein eigenes Leben auch keine Hilflosigkeit mehr. Es kam das Vertrauen zurück, bald die nötige Unterstützung für einen Umzug zu erhalten; außerdem konnte ich trotz vielfältigster Tätigkeiten noch die Zeit für die wichtigsten Aufgaben in meinem augenblicklichen Leben aufbringen und auch manchmal einige Zeilen zu Papier bringen.

Wie innen, so außen.

Prozesse, die sich im Inneren abspielen, bleiben von unserer Umwelt nicht unbemerkt.
Das ist Fakt. Um uns bewußt zu machen, daß solche Entsprechungen nicht zufällig auftreten, können wir uns auf diesen Bereich konzentrieren, in dem alles miteinander verbunden ist.

Wir Whole-Self-TherapeutInnen bezeichnen diesen Bereich logischerweise als die Whole-Self-Ebene, der wir ein Einssein zuordnen.

Mir wird die Gültigkeit solcher Naturgesetzmäßigkeiten (wie innen, so außen) häufig durch neue KlientInnen vor Augen geführt.

Männer und Frauen, die mich zunächst überhaupt nicht kannten, nur durch Dritte meine Adresse bekamen, dabei keine weiteren Informationen über mich erhielten, konsultierten mich plötzlich zu dem Zeitpunkt, wenn ich gerade dabei war, für eine bestimmte Fragestellung die Antwort zu finden, die sowohl in ihrem als auch in meinem Leben von Bedeutung war.

Mache ich mir über grundsätzliche Daseinsfragen Gedanken, wie z.B. wozu lebe ich in dieser Realität, was ist meine Lernaufgabe, dann ziehe ich KlientInnen an, die suizidgefährdet sind, weil sie den Sinn ihres Daseins nicht erfaßt haben; oder es kommen dann Menschen zu mir, deren Leben durch schwerste Krankheitsbilder in Frage gestellt wird, auch sie haben meistens an einer entscheidenden Stelle etwas Wichtiges übersehen.

Habe ich dann die Lösung wie zuvor beschrieben gefunden, hier durch Konzentration und Aufmerksamkeit auf meine eigenen Gefühlen und Empfindungen, dann kann ich diese Informationen auch weitergeben.
Es verhält sich keineswegs so, daß diese Herangehensweise immer direkt von den KlientInnen übernommen werden kann. Oftmals genügt es schon, daß sie überhaupt einen Menschen getroffen haben, der in ähnlich gelagerten Fragestellungen eine Antwort gefunden hat. Ein Mensch, der ausstrahlt, das Leben in dieser Form zu bejahen, kann der erste Schritt zur Aktivierung der Selbstheilungskräfte bei den betroffenen Leuten sein.

In dramatisch verlaufenen Fällen, wie lebensgefährlichen Erkrankungen, ist eine neu gewonnene Erkenntnis, wie die Probleme entstanden sind, meistens nicht ausreichend, um eine dauerhafte Heilung zu erzielen. Es bedarf dann einer gründlichen Aufarbeitung der Vergangenheit und der Gegenwart unter Anwendung der Vorgeburtsarbeit (PAM), der Arbeit mit der Wiederholung der problematischen Muster im aktuellen Leben und anschließender Arbeit mit Past-Lifes, Abschluß und Integration, einer dreiwöchigen ununterbrochenen Arbeit mit dem Handtanz, was die KlientInnen zu Hause allein durchführen, und im Anschluß daran noch einer regelmäßigen Begleitung durch die Whole-Self-TherapeutInnen, um die neu gewonnene positive Lebenseinstellung zu stabilisieren. Meistens verabrede ich mich mit diesen KlientInnen zu jeweils einer Einzelstunde im zwei- bis dreiwöchigen Abstand für die nächste Zeit.
Lediglich die im Anschluß an die Whole-Self-Methode andauernde Begleitung durch die/den Whole-Self-TherapeutIn durch Einzelstunden unterscheidet sich von den allgemeinen Abläufen einer abgeschlossenen Whole-Self-Sitzung.

Nach einer abgeschlossenen 10- oder 12-stündigen Whole-Self-Sitzung wird neben einer subjektiv wesentlich besseren

Lebenseinstellung der KlientInnen aus deren Umfeld eine Besserung registriert, auch wenn die Umgebung nichts von der Psychoarbeit weiß.
Aus derartigen Beobachtungen im Freundeskreis resultieren die meisten Neuanfragen in meiner Praxis, da ich sonst auf Werbung weitestgehend verzichte.

*

Margot, meine zuvor erwähnte Klientin, schien ganz große Schwierigkeiten mitzubringen, die nicht nur mit dem Herbst zu begründen waren.

Ihr fehlte anscheinend die notwendige Lebensfreude ganz, und sie sah den Sinn in ihrem Leben nicht.

Ganz häufig beobachte ich sowohl in meiner Praxis, als auch in meinem privaten Umfeld, daß Frauen ihr weiteres Leben als sinnlos beurteilen, wenn sie ihre Kinder ins Leben entlassen. In unserem Kulturkreis scheinen Frauen ihre Daseinsberechtigung häufig an die Versorgung des Nachwuchses zu knüpfen. Für sie gab es anscheinend nie die Auffassung, daß der wichtigste Mensch in ihrem Leben sie selbst sind.
Wir sind dann mit dem Problem konfrontiert, daß wir nur Informationen, über die wir auch verfügen, weitergeben können.
Eine Mutter, die sich als zweitrangig einstuft, kann einem Kind nicht die Information geben, daß dieses Kind sich selbst als das wichtigste Wesen der Welt beurteilt. Dieses Kind fühlt sich als Kind möglicherweise im Rang der Mutter überlegen, bekommt aber die Information mit, wenn diese Person selbst einmal Kinder haben sollte, seien diese wesentlich wichtiger als die Person selber.

In so einem Falle wird es schwierig, Kindern das Wissen um Liebe zu vermitteln. In der Bibel finden wir die Aufforderung: „Liebe deinen Nächsten wie dich selbst!" Die Voraussetzung dafür ist, daß wir uns selbst lieben müssen, um diese Liebe auch weitergeben zu können. Wir können nur das geben, was wir auch haben. Nun fällt es aber schwer, bzw. es ist unmöglich, jemand anderen zu lieben, wenn wir uns selbst nicht lieben oder nicht genügend lieben. Die Mißstände in der westlichen Welt sind alle auf einen Mangel an Liebe zurückzuführen und natürlich darauf, daß die Menschen, die einen Mangel an Liebe spüren, ihr Herzzentrum schließen und damit nicht ihre Verbundenheit mit anderen fühlen und als Wichtigstes die Verbindung zu sich selbst nicht spüren.

Bleibt so ein Mangel an Liebe über einen sehr langen Zeitraum bestehen, erwachsen daraus gravierende psychische und physische Störungen.

Solange ein Mensch funktionieren muß, die Aufgabe ihn oder sie dazu zwingt, wie hier die Mutter während der Brutpflege, ist eine Illusion von Liebe vorhanden. Da aber zuwenig zurückkommt, verausgaben sich Frauen häufig total durch die Erziehung der Kinder. Sind dann die jungen Leute erwachsen geworden und ausgezogen, empfinden die Mütter fortan ihr Gefühlsdefizit sehr drastisch.

Diese Klientin spürte sich selbst in der Form, daß ihr der Mangel an Liebe, Aufmerksamkeit und Kontakt qualvoll deutlich wurde.
Empfindet ein Mensch an diesen Qualitäten einen Mangel, bedeutet das, daß dieser Mensch in keinem Kontakt zu sich selbst steht, bzw. zu dem *Selbst*.
Die Gefühle, die daraus resultieren, sind so schwer zu ertragen, daß diese Klientin mehrfach versucht hatte, das Fühlen zu beenden, indem sie ihrem Leben ein Ende bereiten wollte.

Aus meiner bisherigen Praxiserfahrung kann ich mit Sicherheit behaupten, daß das Fühlen nicht mit dem irdischen Leib abgelegt wird. Verläßt der Mensch seinen physischen Körper, so strömen die Gefühle nur noch intensiver auf die verbleibenden Ebenen ein. So wird ein Ableben unter angenehmen Gefühlskonstellationen sehr viel aufbauender sein, als unter emotional problematischen Bedingungen. Aus diesem Grunde scheint es mir sinnvoll zu sein, im Verlauf des Lebens zunehmend mehr Zufriedenheit und Ausgeglichenheit anzustreben. In Phasen von Emotionschaos würde ich persönlich alles daran setzen, mein Leben zu erhalten, was aber auf keinen Fall den Umkehrschluß zuläßt, daß das Leben in glücklichen Phasen beendet werden darf. Wir Menschen dürfen diesen Schritt nicht aktiv tun. Auch dann nicht, wenn wir großes körperliches Leid aushalten müssen. Wenn wir nicht programmiert hätten, über diese Situation etwas zu lernen, würden wir sie nicht auf diese Weise erleben. Wenn dann dieser Lernprozeß abgeschlossen ist, endet das Leben von alleine, auch wenn wir den Sinn dahinter zu dem Zeitpunkt vielleicht nicht begreifen sollten.

Um auf den Kontakt zurückzukommen:
Auch ein/e absolute/r EinsiedlerIn vermißt keinen Kontakt, wenn er/sie in Kontakt mit sich selbst steht.

Um meiner Klientin ihre Situation zu verdeutlichen, gingen wir im Anschluß an die Vorgeburtsarbeit in ein Past-Life zum Thema Suizid.

Margot sieht sich als Ines in diesem Past-Life.
Ines wird als elftes Kind einer spanischen Familie geboren.
Ines fühlt sich in diesem Leben gar nicht gut.
Auf die Nachfrage, was das denn bedeute, antwortet sie:
„Ich fühle mich abgelehnt, meine Familie reagiert betroffen, daß wieder ein Kind kommt, es gibt nicht ausreichend zu essen."

Als Ines halbwegs erwachsen ist, muß sie als Tänzerin auf einer Bühne in einem Lokal, weit weg von zu Hause, ihr Brot verdienen.
Ines ist sehr jung und sehr schön. Doch sie wurde streng katholisch erzogen. Diese schüchterne junge Frau empfindet es als große Schande, auf diese Art ihr Geld verdienen zu müssen.
Das Publikum besteht ausschließlich aus Männern; die anmutige Ines wird von diesen Männern mit den Augen verschlungen. Sie hat das Gefühl, die Blicke ziehen sie aus.
Die Männer kommen in das Lokal, weil ihnen ihre biederen, braven Ehefrauen zu wenig erotische Stimulierung bieten.
Dieses schüchterne, züchtige Kind schämt sich in Grund und Boden.
Aber sie muß tanzen, sie weiß sonst nicht, wie sie ihren Lebensunterhalt verdienen kann.
Ines hat den Wunsch, aus der Situation fliehen zu können, sie sieht aber keine Möglichkeit dafür. Und so übt sie über einige Jahre diese ungeliebte Tätigkeit aus. Sie gewöhnt sich nicht daran.

Ines' Leben nimmt dann ganz plötzlich eine unerwartete Wende. Ines steht auf der Bühne und tanzt, da bricht der Boden unter ihr zusammen, und sie stürzt einige Meter in die Tiefe. Die zusammenkrachenden Bretter zerschlagen ihr die Beine.
Nun kann sie nicht mehr tanzen. Die Knochen wachsen nicht wieder richtig zusammen. Ines bleibt stark gehbehindert.

Die Mutter hat nun keine kleinen Kinder mehr zu versorgen und nimmt Ines in Liebe auf. Sie pflegt sie und gibt ihr Geborgenheit und kann ihr nun auch die Liebe geben, die Ines schon in der Kindheit gebraucht hätte. Die Mutter ist noch jung und freut sich, nun wieder eine Aufgabe zu haben.
Ines genießt trotz der Verletzung die Situation. Zufrieden und glücklich lebt sie daheim und wird umsorgt.

Margot fühlt sich in ihrem Leben genau so ungeliebt, wie zunächst Ines.
Margot glaubt, nun, wo sie ihre Aufgabe erfüllt hat, könne sie so nicht weitermachen. Sie fühlt sich allein und hat das Bedürfnis, umsorgt zu werden.
Margot gesteht sich aber als erwachsener Frau nicht zu, so ein Bedürfnis nach Geborgenheit und Versorgtwerden erfüllt zu bekommen. Sie hat unbewußt programmiert, daß Liebe und Geborgenheit Erwachsenen nur dann zukommen können, wenn diese außerstande sein sollten, für sich selbst zu sorgen, z.B. wenn sie körperlich so beeinträchtigt sein sollten, wie Ines als Tänzerin mit gebrochenen Beinen.
Aus diesem unbewußten Glaubenssatz heraus erklären sich die Suizidversuche Margots.
Margot verfügt einfach über keine Energiereserven mehr, sie verausgabte sich bei der Erziehung ihrer Söhne. Was sie den Kindern gab, floß nicht zu ihr zurück. Margot wußte nicht wirklich, was Liebe ist und wie diese funktioniert. Dazu wäre es nötig gewesen, daß Margot ihr Herzzentrum geöffnet hätte. Aber dann hätte sich diese Frau selbst gefühlt und hätte gespürt, was alles in ihrem Leben und in der Rolle, die sie zu erfüllen hatte, nicht stimmte. Sie hätte daraus dann die Konsequenzen ziehen müssen.
Genau wie Ines, die sich gewünscht hatte, fliehen zu können.
Aber Margot hatte auch keine Möglichkeit gesehen, etwas an ihrer unbefriedigenden Situation zu ändern. Sie sah für sich nur die Möglichkeit durchzuhalten.
Das hatte sie aber nur ertragen können, indem sie weder ihre Bedürfnisse fühlte, noch die Mißstände in ihrem Leben, wie mangelnde Liebe und Achtung durch den Vater der Jungen.

Nun, Jahre später, erhielt sie die Quittung für das unbefriedigende Leben.
Ihre Gefühle ließen sich nicht länger deckeln. Wenn Margot sich mit ihren Bedürfnissen konfrontiert sah, quälte sie der

eklatante Mangel an Liebe und Zuwendung so sehr, daß sie dieses Fühlen nicht mehr ertragen wollte.
Ihr war es mental nicht klar, daß sie hoffte, sich bei den dramatischen Suizidversuchen so zu verletzen, daß sie nicht mehr selbst für sich sorgen konnte. Sie hatte das Bedürfnis, von ihrer Familie aufgenommen und in Liebe gepflegt und versorgt zu werden.

Für Margot gilt es nun zu lernen, sich selbst die Liebe zu schenken, die sie bislang so sehnlichst vermißt hatte. Voraussetzung dafür wird ein behutsames Öffnen des Herzzentrums sein.
Wenn sie es lernt, langsam und vorsichtig zuzulassen, daß sich ihr Herzchakra behutsam öffnet, werden ihr Menschen begegnen, die ihr dann auch Liebe entgegenbringen. Und Margot kann diese Energie dann auch verwerten.

*

Immer wieder kommen Diskussionen darüber auf, ob es denn sinnvoll, nutzbringend und ungefährlich sei, mit Past-Lifes zu arbeiten.

Dazu gibt es die unterschiedlichsten Meinungen. Sicherlich ist die Art und Weise, wie die Arbeit durchgeführt wird, von entscheidender Bedeutung.
Die Herangehensweise mit der Whole-Self-Methode bietet da eine sehr große Sicherheit.

Das Whole-Self beinhaltet *alle* Anteile eines Menschen; das umfaßt den physischen Körper, den Emotionalkörper, den Mentalkörper, und den spirituellen Körper. Und so werden bei der Arbeit mit dem Whole-Self ausschließlich solche Informationen den KlientInnen zugänglich sein, die diese KlientInnen auch auf *allen* Ebenen verarbeiten können.
Würde z.B. eine Nachricht dergestalt sein, daß der Verstand des Menschen dies nicht akzeptieren könnte, so setzt der entsprechende Anteil des Whole-Selfs (hier der Mentalkörper) augenblicklich eine Blockade, und die KlientInnen erhalten in so einem Fall keine Antwort auf ihre Frage.
Ebenso verhält es sich mit den anderen Ebenen.
Dadurch ist die Sicherheit gegeben, daß auch wirklich all das,

was in einer Sitzung hochkommt, von den Betroffenen verkraftet werden kann, wir können uns darauf verlassen, daß andernfalls ein Anteil des Whole-Selfs intervenieren würde.

Alle Einzelführungen in der Whole-Self-Methode werden durch Abschlüsse beendet, die dem Unterbewußtsein der KlientInnen das sichere Signal erteilen, daß diese Begebenheiten, mit denen sie während der Arbeiten konfrontiert waren, nun abgeschlossen und vorbei sind. (Diese Abschlüsse werden aus den schon im Vorwort angeführten Gründen nicht in diesem Buch beschrieben.) Vor Beginn der Therapie erinnern die Menschen ihre Gefühle, Emotionen und Muster, auch wenn es ihrem Verstand nicht bewußt sein sollte. Im Past-Life erscheinen diese Muster, Gefühle und Emotionen dann im Zusammenhang mit Bildern dargestellt. Auch auf die Gefahr hin, Sie, liebe LeserInnen mit endlosen Wiederholungen zu langweilen, mache ich das Prinzip solange deutlich, bis es *allen* in Fleisch und Blut übergegangen ist: Durch diese Gefühle, den Widerstand dagegen und die damit verbundenen Selbstbeurteilungen ziehen die Betroffenen solche oder ähnliche Begebenheiten immer wieder an. In den Past-Life-Erlebnissen erhalten die KlientInnen eine Erklärung für ihre Gefühle und das wiederholte Eintreten der einschlägigen Situationen, daß sie das bisherige Nichtbewältigen nun akzeptieren können. Damit geben sie den Widerstand auf und vermeiden die erneute negative Selbstbeurteilung, die dem Widerstand in der Regel auf dem Fuß folgt. Und sie ziehen die damit verknüpften Situationen nicht wieder an. Die schmerzhaften Erfahrungen müssen nicht ständig wiederholt werden. Auf diese Weise zu erkennen, daß wir selbst etwas ändern können in unserem Leben und nicht unserem Schicksal hilflos ausgeliefert sind, verhilft sehr vielen Leuten zu einem sprunghaften Ansteigen ihrer Vitalität und Lebensfreude.
Stößt dagegen ein/e Betroffene/r immer wieder auf ein erneut traumatisches Erlebnis, ist er/sie so in den Emotionen verhaftet,

dann ist ein Weiterkommen in vielen Lebensbereichen blockiert. Diese soeben beschriebenen Verhaftungen binden Lebensenergien sehr großen Ausmaßes und lösen auf diese Weise tiefgreifende Blockaden aus, daß es für diese Menschen irgendwann zwingend wird, die emotionalen Verstrickungen zu lösen. Mir ist kein anderer Weg bekannt, wie diesen betreffenden ZeitgenossInnen sonst geholfen werden könnte, ihre verhafteten Emotionen in kurzer Zeit zu lösen und ohne noch einmal durch schweres Leid zu gehen, als ihnen zu ermöglichen, den Widerstand aufzugeben. Doch dazu muß ihnen dieser Widerstand erst erkannt werden.

Ich kann nur das ändern, wovon ich weiß, das es besteht.

Es mag durchaus bedenkenswert sein, wenn GegnerInnen der Past-Life-Führungen äußern: „Es werden in diesen Arbeiten Identifikationen gefördert, es wird das Ego gestärkt, und die Leute werden dadurch nicht ihrem eigentlichen Sein nähergebracht."

Manchmal war ich geneigt, den ZweiflerInnen recht zu geben, wenn mal wieder jemand Bilder von einer großartigen Past-Life-Dimension erhielt, und sich diese KlientInnen anschließend als ehemals Louis-Quinze oder Jeanne d'Arc für einige Zeit großartig fühlten. Doch hätte diese Arbeit nicht stattgefunden, wäre eine Identifikation mit den Emotionen erfolgt, was nun die Möglichkeit, sich dem Sein zu nähern, sich der eigenen Essenz bewußt zu sein, völlig verhindert hätte.

Der mögliche, mit bedeutenden Past-Life-Dimensionen verbundene, mehr oder weniger kurze Egotrip erscheint mir da noch das geringere Übel zu sein. Insbesondere, wenn ich mir vergegenwärtige, daß oftmals lang andauernde Problemkonstellationen, für die es scheinbar keine Lösung gibt, die Menschen zu schwerwiegenden körperlichen oder psychischen Beeinträchtigungen führen. Viele PatientInnen aus der Psychiatrie gehören zu dem Personenkreis, der einfach keinen Weg gesehen hat, sich aus seinen emotionalen Verhaftungen zu lösen. Und in den psychiatrischen Kliniken wird nicht immer eine umfassende Heilung erreicht, in vielen Fällen können diese PatientInnen lediglich durch sehr belastende Medikamente ruhiggestellt werden.

Mit dem Thema: 'dämpfende Medikamente' stoße ich auch gleich an die Grenzen der Whole-Self-Methode.
Kommen KlientInnen zu mir, die medikamentös ruhiggestellt sind, habe ich keine Möglichkeit, sie mit Hilfe der Whole-Self-Methode zu begleiten. Sie sind derart durch die Medikamente beeinträchtigt, daß sie keinen oder einen nur unzureichenden Zugang zu ihrem Whole-Self haben, des weiteren können sie nicht genügend Initiative entwickeln, die notwendig wäre, um Änderungen in ihrem Leben zuzulassen, auch wenn es sich um positive Dinge handelt.
Weitere Einschränkungen der Anwendungsmöglichkeiten der Whole-Self-Methode bestehen bei Leuten, die mit Hypnose behandelt wurden und bei Menschen mit großen Abhängigkeitsproblemen (Alkohol, Drogen).
Letztere haben zwar praktisch die Möglichkeit, mit diesem Konzept zu arbeiten, sie kommen jedoch nicht weiter, solange sie die Suchtmittel einsetzen. Ganz gleich, welche Erkenntnisse während der Arbeit erfolgten, geht es anschließend um Änderungen, wird immer das Suchtmittel dem zu erfolgenden Schritt vorgezogen. Denn ihre Misere ist allen Süchtigen bekannt, auch wenn diese sich weniger angenehm gestaltet, so glauben Abhängige, sie könnten das Fühlen dauerhaft durch das Einsetzen des Suchtmittels vermeiden.
Suchtmittel erzeugen im Körper chemisch etwas Ähnliches wie das, was wir uns alle wirklich wünschen, und das ist die Liebe. Abhängige wissen zwar auch, daß sie durch die Ersatzbefriedigung mit der Droge nicht genau das erreichen, worauf sie nicht verzichten wollen. Sie glauben jedoch unbewußt, sie müßten nur noch mehr von dem Stoff zuführen, der

ihnen ja schon zu einem ähnlichen Gefühl verhilft, um exakt das zu erreichen, was sie brauchen, nämlich Liebe.
Wenn ein/e Abhängige/r im Anschluß an die Whole-Self-Arbeit wieder mit seinem/ihrem alten Problem konfrontiert wird, besteht die Möglichkeit hindurchzugehen (die Gefühle anzunehmen, dadurch den Widerstand aufzugeben, ohne die üblichen Selbstbeurteilungen zu erneuern, und damit das Problem ein für alle Male gelöst zu haben), oder aber die Droge einzusetzen, um das Fühlen zu blockieren. Ich habe bei Abhängigen ausschließlich die letztere Form der Herangehensweise erlebt.

Inzwischen bestehe ich darauf, erst mit der Whole-Self-Arbeit zu beginnen, wenn die Leute clean sind. Andere Formen der Begleitung biete ich allerdings an, wenn jemand sich von seiner/ihrer Sucht befreien möchte.

*

Für mich gestalten sich die Sommerzeiten immer sehr arbeitsreich.
Ungewöhnlich viele Menschen scheinen durch das intensive Licht in der hellen Jahreszeit viel Unterstützung zu bekommen, wenn sie Bedürfnisse verspüren, in ihrem Leben voranzuschreiten.

Susanna gehörte zu ihnen.
Susanna rief mich an. Sie war bereit, sich der Whole-Self-Methode anzuvertrauen. Es war Hochsommer. Meine Ferien hatten noch nicht begonnen. Ganze Landstriche schienen durch die einsetzende Reisewelle entvölkert zu sein, doch Susanna und ich waren noch nicht verreist und ich bot ihr ganz kurzfristig einen Termin an.

Susanna beklagte die Stagnation in vielen Bereichen ihres Lebens.
Sie wünschte sich sehnlichst Veränderungen, hatte jedoch nicht die geringste Ahnung, wie sie diese erreichen sollte.
Nach ihrer Scheidung strebte sie erneut eine Partnerschaft an.
Als alleinerziehende Mutter war sie jedoch so sehr an das Haus gebunden, daß sie kaum Möglichkeiten sah, neue Kontakte zu knüpfen.

An ihrer Arbeitsstätte traf Susanna auch auf keine potentiellen Partner. Da sie beruflich gut zurecht kam und recht zufrieden war, konnte sie sich keinen Wechsel des Arbeitsplatzes vorstellen. Auch wenn eine andere Firma nicht unbedingt die Wahrscheinlichkeit vergrößerte, dort einem netten, für sie geeigneten Mann zu begegnen, überlegte sie doch des öfteren, ob ein fremdes berufliches Umfeld nicht dazu beitragen könnte, die Langeweile aus ihrem Alltag für ein Weilchen zu vertreiben. Da ihr bisheriger Verdienst für ihre Tätigkeit sehr hoch war und sie sich, wie schon gesagt, ansonsten in ihrer Firma ganz wohl fühlte, mochte sie jedoch nicht kündigen. Das Risiko, dann ein weiteres mögliches Feld für Frustrationen zu eröffnen, erschien ihr zu groß.

Je länger das Leben so gleichförmig ablief, desto mehr geriet Susanna in Panik. Sie konnte sich nicht vorstellen, jahrein jahraus in der gleichen Eintönigkeit wie bisher weiterzuleben. Sie legte schon Wert darauf, ihrer kleinen Tochter eine glücklichere Kindheit zu ermöglichen, als das zur Zeit möglich war. Das Töchterchen litt mit Susanna, denn Kinder erspüren sehr feinfühlig die Stimmungen ihrer Eltern. Haben sie nur noch einen Elternteil, auf den sie sich beziehen können, sind sie dessen Stimmungslage ziemlich ausgeliefert.

Susanna wollte Veränderungen und zwar bald. Wie und wodurch war ihr nicht im mindesten klar.
Sie erklärte mir, daß es in ihrem Leben tiefe Blockaden geben müsse, denn ansonsten verliefe es sicherlich nicht so unbefriedigend. Sie ging davon aus, bestimmt in der Lage zu sein, einen passenden Partner zu finden, mit welchem sie leben könne, wenn nicht irgendwelche Gründe, die sich ihrem bewußten Verstand entzögen, dagegen sprechen würden.
Sicherlich sei in ihrer Kindheit etwas ganz Schreckliches mit ihr geschehen, daß erstens ihre Ehe scheiterte und zwei-

tens sie keine neue Beziehung eingehen könne und sie drittens seit langer Zeit sehr unglücklich sei.
Ihre Gedanken über dieses mögliche Geschehen gingen Richtung Mißbrauch. Höre man doch immer wieder, daß Erwachsene sich an hochtraumatische Mißbrauchserlebnisse in der Kindheit später nicht mehr erinnern könnten.
Als ich sie bat, sich nicht auf eine so hypothetische Angelegenheit festzulegen, beharrte sie darauf, in ihrem Leben müsse aber etwas passiert sein, das den augenblicklichen Zustand herbeigeführt habe. Susanna wollte an ihrem Leben arbeiten, in dem riesiggroßen Thema vermutete sie die Blockade, denn ihren augenblicklichen Zustand der Stagnation und Starre wertete sie als dem Begriff Leben entgegengesetzt.

Wir begannen mit der PAM (Vorgeburtsarbeit). Danach begleitete ich Susanna zu dem vermeintlichen Punkt in ihrem Dasein, der für ihre augenblickliche Situation verantwortlich schien.
Das Ereignis, was dann kam, konnte unmöglich eine starke Blockade in mehreren Lebensbereichen gesetzt haben.

Ich versprach mir von einem Past-Life aufschlußreichere Erkenntnisse. Susanna warnte mich. Sie sagte, sie glaube weder an vergangene Leben noch an ein Leben nach dem Tode. Ich erklärte ihr, das sei auch nicht erforderlich. Sie solle sich entspannen und sich den Informationen öffnen, die durchkommen wollen.

Wir begannen mit der Arbeit und ich spürte eine typische Änderung der Energie, wie ich das in jeder Past-Life Führung erlebe. Ich fühlte die bei Susanna einhergehenden Veränderungen und ihre emotionale Reaktion darauf. Als ich zuvor mit ihrem Widerstand konfrontiert wurde, hatte ich meine allgemein erhöhte therapeutische Aufmerksamkeit auf ein Maximum gesteigert. In der Regel erhalte ich dann auch einige entscheidende Bilder der KlientInnen. Aber das war hier, in der Sitzung mit der ängstlichen Susanna, nicht der Fall.

Ich hatte Susanna in das Past-Life geführt. Als ich dann die Informationen hören wollte, reagierte sie überhaupt nicht. Sie war bewußtseinsmäßig anwesend, versuchte nicht, sich 'rauszuziehen, wie das andere ängstliche KlientInnen gerne probieren, daß sie lediglich noch körperlich anwesend sind und ich meine ganze Autorität aufbieten muß, um diese Leute bewußtseinsmäßig zum Zurückkommen zu bewegen.
Als ich nach einer Weile ungeduldig wurde und Susanna ultimativ aufforderte, sie solle berichten, was sie erlebe, kam die für mich völlig erstaunliche Antwort: „Ich habe doch gleich gesagt, daß ich nicht an Past-Lifes glaube, nun kriege ich auch keine Informationen oder Bilder.“

Das war eine Aussage, die meiner Wahrnehmung total widersprach. Aber was sollte Susanna dazu bewegen, mir wichtige Informationen vorzuenthalten? Sie konnte nach meiner Vermutung nur etwas falsch verstanden haben.
Also bat ich Susanna, sie möge mir bis ins Detail ihre Eindrücke, Bilder oder Gefühle schildern.
Ihre Antwort war: *„Ich sehe einfach nichts, es ist alles nebelig. Dann taucht 'mal eine Fratze auf, das ist alles.“*

Meine Wahrnehmung, daß sich Susanna sehr wohl in einem Past-Life befunden hatte, ergab zusammen mit den Informationen Nebel und Fratze den Zusammenhang, daß Susanna sich in eine Übergangssituation zurückbegeben hatte. Solche Wechsel der Ebenen vom Leben zum Leben ohne den Körper (wenn ein Erdenleben beendet ist) beschreiben sehr viele Menschen auf diese Art und Weise.

Immer wieder höre ich, wenn ich jemanden bei den Erinnerungen an den Tod begleite, daß zunächst ein Verirren oder

Stehenbleiben in dieser Nebelphase erfolgt. Dort werden die Seelen auch häufig von Dämonen bedrängt.
Das Whole-Self drückt die erfolgende Bewußtseinsveränderung nach dem Ablegen des physischen Körpers mit dem Bild Nebel aus.
Die Dämonen wurden von den Personen selbst im Leben geschaffen (durch belastende Gedankenformen und verhaftete Emotionen, Abspaltungen von Aggressionen usw.). Dieser Abschnitt beim Lebensende wird sehr präzise im Tibetanischen Totenbuch beschrieben und die Empfehlung, mit den Dämonen umzugehen, bzw. sie zu vertreiben lautet dort: zu lachen. Das Funktionieren dieser Verhaltensweise läßt sich so erklären, daß beim Lachen die Identifikationen mit den Dämonen aufhören und diese ihre Macht somit verlieren.

Susannas Past-Life und ihre Situationseinschätzung zu Beginn unserer Arbeit, als sie sagte, sie wolle an ihrem Leben arbeiten, ist so typisch für den Verlauf vieler Arbeiten in meiner psychologischen Praxis.
Wenn die KlientInnen äußern, sie möchten an einem bestimmten Thema arbeiten, weil sie dort eine Blockade vermuten, liegt das Trauma meistens entgegengesetzt. Susanna glaubte, ein Trauma in ihrem Leben erfahren zu haben, ihr Trauma lag aber im Tod und nicht im Leben.

Sehr häufig erlebe ich, daß Menschen zu mir kommen, die Probleme mit einem Elternteil haben. Sagen sie, es ist die Mutter, liegt mit größter Wahrscheinlichkeit das Problem beim Vater.
Die Herangehensweise ist dann so, daß beide Problematiken aufgearbeitet werden müssen, sowohl die vermeintliche als auch die wahre Problematik. Die KlientInnen müssen selber spüren, was in Wahrheit die Blockade verursachte. Und sie müssen auch die Gelegenheit bekommen nachzufühlen, daß das vermeintliche Trauma keines war.

Wobei die Menschen diese Erfahrungen machen, indem sie die Gefühle nachfühlen, die in den Situationen entstanden sind, und nicht dadurch, daß TherapeutInnen ihnen den Zusammenhang verdeutlichen.

Für Susanna war die Begleitung aus dem Trauma im Past-Life wichtig. Ebenso wie das Nachfühlen der belastenden Situationen in ihrem Leben.
Damit aber aktuell keine erneuten Blockaden durch die Angst vor dem Sterben am Ende des gegenwärtigen Lebens erfolgen, wird Susanna sich mit dem Wissen über ein Leben nach dem Tod und wie das Sterben eigentlich geht, auch mental auseinandersetzen müssen, damit sie nicht nur das Fühlen der Past-Life-Dimension zur Verfügung hat, sondern dieses auch auf ihr jetziges Leben übertragen kann.

*

Die wenigsten Menschen wissen auf die Frage: Wozu leben wir hier auf Erden? eine Antwort.

Aber auf einer nichtbewußten Ebene scheinen viele ZeitgenossInnen zu spüren, daß Entwicklung auf allen Ebenen der Sinn unseres Lebens ist.

Bei solchen Menschen, die große Angst vorm Tod haben, sind besonders häufig Blockaden im Leben zu beobachten.
Diese Leute scheinen zu befürchten, daß, wenn sie in ihrer Entwicklung ein bestimmtes Level erreicht haben, das Leben zu Ende sein könnte. Um das Ende des Lebens hier auf Erden hinauszögern zu können, blockieren sie oft ihr Fortkommen.

Auch wenn den Betreffenden solche Zusammenhänge nicht bewußt sind, so kann ich bei Menschen, die ihre Weiterentwicklung tabuisieren, mit großer Wahrscheinlichkeit eine besonders große Angst vorm Tod voraussagen.
Die Ängste sind dann so gewaltig, daß die Themen Tod und Sterben schon allein durch bloßes Erwähnen große Panik auslösen. Das Trauma ist dann so groß, daß auch keine Schritte unternommen werden, diese Angst aufzulösen, z.B. durch Therapie, oder wenigstens durch Literatur etwas aufzuwei-

chen. Zu dem Themenbereich *Sterbeforschung* halten esoterische Buchhandlungen Mengen an Büchern bereit. Außerdem gibt es noch Totenbücher unterschiedlicher Kulturen. Es könnte sicherlich Erleichterung bringen, über derartige Erfahrungen und Forschungen unterschiedliche Ansichten zu erfahren.

Wenn sich jemand mit dieser Problematik herumplagt, ist sein oder ihr Leben so voller Blockaden und Hindernisse, daß Außenstehenden dieses Leben als nicht sehr lebenswert erscheint. Da taucht dann die Frage auf, wozu es die Betreffenden unbedingt möglichst lange auskosten wollen.
Gehen wir davon aus, daß der Sinn des Lebens Entwicklung ist, so müßte es nur logisch sein, daß das Leben dann endet, wenn jegliches Fortkommen blockiert wird.

Manchmal kamen Menschen wegen anderer Probleme in meine Praxis, der Hintergrund war aber Angst vorm Tod. Diejenigen, die sich dann durch ganz behutsame Vorgehensweise dazu entschlossen, sich doch diesen Ängsten zu stellen, erfuhren dann von dem Zeitpunkt an eine so enorme Harmonisierung in ihrem Leben, daß es für alle eine Freude war, dem zuzusehen.

Ganz wichtig war in solchen Prozessen die Entscheidung.
Wenn sich jemand bewußt zur Entwicklung entschließt, fügt sich vieles fast wundersam zum Besten, und das Leben erfährt eine eigenartige, spannende Dynamik.

Das gilt übrigens für alle Blockaden, die aufgelöst werden. Unabhängig vom Thema. Ganz allgemein wird das Leben, das durch Angst und lebensbehindernde Muster geprägt ist, als sehr belastend empfunden. Demgegenüber erscheint ein Lösen der Probleme den Betroffenen so kontrastreich zu dem ursprünglichen Zustand.

Ein Auflösen der Blockaden setzt so viel Lebensfreude frei, das Leben gestaltet sich fließend, und das Programm der Leute scheint sich zu erweitern, so daß die Aufgaben oft vielfältiger werden. Diese Menschen haben meistens über kurz oder lang das Bedürfnis, ihre positiven Erfahrungen mit der Wandlung ihres Lebens an andere Menschen weiterzugeben. Sie sind so voll Dankbarkeit und Erleichterung, daß sie andere daran teilhaben lassen möchten.
So positive Veränderungen lassen sich nicht verheimlichen. Selbst wenn nicht darüber gesprochen wird, was selten vorkommt, spüren die Mitmenschen dieser Leute die andere Ausstrahlung und werten sie positiv.

Nur manchmal reagiert die Umgebung irritiert. Wenn ein Mensch sich so stark verändert, daß alte Bekannte sie oder ihn nicht wiedererkennen. Dann kann auch eine noch so positive Veränderung so verunsichern, daß die Mitmenschen sich unbewußt bemühen, den alten Freund oder die alte Freundin wieder in solche Bereiche zu zerren, wo sie ihn oder sie bislang gekannt haben.
Aber mit der neugewonnenen Sicherheit lassen sich auch solche Situationen meistern. Und Menschen, die bislang viel Angst erfahren haben, zeigen in der Regel ein enormes Verständnis für die aktuellen Ängste ihrer Mitmenschen und können somit solche Bemühungen auch leichter verzeihen.

*

Mit Heinz-Uwe ergab sich eine völlig untypische Arbeit mit der Whole-Self-Methode.

Heinz-Uwe bat um einen Termin.
Ich bemerkte seine tiefe Depression bereits in dem Moment, als er sich meldete.
Heinz-Uwe hatte bereits eine komplette Whole-Self-Arbeit mit mir gemacht. Im Anschluß daran gab es immer wieder Punkte, über die Heinz-Uwe auch noch arbeiten wollte. Wir verabredeten uns dann jeweils für ungefähr ein bis zwei Stunden und erzielten jedesmal hervorragende Ergebnisse. Sicherlich auch dadurch von so ausgezeichneter Qualität, weil Heinz-Uwe sich sehr gut auf die Arbeit einlassen konnte. Mühelos gelang es ihm, die entsprechenden Bilder in einem Past-Life zu visualisieren und die dazugehörigen Gefühle zuzulassen.
Auffallend war in diesen Arbeiten, daß es sich ausnahmslos um hochdramatische Ereignisse handelte. Keine einzige dieser in den Past-Lifes aufgetretenen Situationen wäre auch nur annähernd als alltäglich zu bezeichnen gewesen. Unsagbares Leid trat immer wieder in den Vordergrund.
Heinz-Uwe hatte offensichtlich nicht die geringste Mühe, sich dort hineinzubegeben.

In seinem Alltag erfuhr Heinz-Uwe immer wieder erneute Schwierigkeiten.
Im Anschluß an den ersten Block der Whole-Self-Methode erschien ihm das Leben erstmalig lebenswert. Doch schon nach kurzer Zeit gab es das ein oder andere neue Problem. All diese Widrigkeiten ließen Heinz-Uwe immer wieder in tiefe Depressionen fallen, aus denen er sich kaum selber wieder befreien konnte. Die depressionsfreien Zeiten dehnten sich zwar aus, doch die Probleme, die dann auftauchten, schienen zunehmend schwieriger zu bewältigen zu sein.

Heinz-Uwe hatte kürzlich im Anschluß an sein Betriebswirtschaftsstudium einen Job als Sachbearbeiter in der Verwaltung in einer großen Kaufhauskette erhalten. Natürlich war er für diese Tätigkeit reichlich überqualifiziert.
Und er erhielt dem Aufgabenbereich entsprechend ein sehr bescheidenes Gehalt.
Heinz-Uwes Frau hatte sich nach der Geburt ihres gemeinsamen Sohnes nicht wieder an die Uni begeben. Finanziell gab es keine Möglichkeit, das Kind betreuen zu lassen. So sah sie überhaupt keinen Weg, ihr Studium fortzusetzen.
Die junge Familie war gezwungen, vom Studentenwohnheim in eine Wohnung umziehen, da sie die Höchstzeit von vier Jahren, die in diesen Wohnheimen zulässig ist, bereits überschritten hatten. Der Mietpreis der neuen Wohnung war eigentlich für das schmale Gehalt viel zu hoch, doch aus praktischen Erwägungen hatten sie sich dennoch für diese Wohnung entschieden, da Heinz-Uwe mit dem Rad zur Arbeit fahren konnte, und Marianne, seine Frau, hätte die Uni auch per Rad erreichen können.
Heinz-Uwe wußte, daß seine Frau so kurz vor dem Examen gerne weiter studiert hätte. Aber das Geld reichte ohnehin nicht. Den kleinen Florian konnten sie wirklich nicht auch noch zu einer Tagesmutter bringen, die sie dann hätten entlohnen müssen. Sie konnten sich nichtmals für wenige Stunden

einen Babysitter leisten, geschweige denn für mindestens halbe Tage.

Als die Familie sich einige Monate in dieser scheinbar ausweglosen Lage befunden hatte, und die Stimmung immer gedrückter wurde, zeigte sich ein Hoffnungsschimmer.
Heinz-Uwe hörte, daß in seiner Firma ein Abteilungsleiterposten neu zu besetzen sein würde.
Dafür standen zwei Mitarbeiter zur Debatte. Erstens er selber. Er war dafür entsprechend ausgebildet und eignete sich auch als Persönlichkeit ausgezeichnet für eine höherqualifizierte Tätigkeit. Und zweitens sein Kollege Maimann. Dieser junge Mann zeichnete sich durch eine längere Firmenzugehörigkeit aus, es mangelte ihm jedoch an vielen Attributen, die einem Abteilungsleiter nicht fehlen sollten, wie die Fähigkeit, auf Menschen zuzugehen, sie anzuleiten und Teamarbeit zu organisieren und zu begleiten. Kollege Maimann führte alle von ihm erwarteten Tätigkeiten korrekt aus, doch über die Anforderungen hinaus, die an einen Sachbearbeiter gestellt werden, hatte er sich nicht profilieren können.

Die Position als Abteilungsleiter war so gut dotiert, daß Heinz-Uwe alle seine finanziellen und die davon abhängigen familiären Probleme gelöst hätte, würde er diesen Job erhalten.
Es war Heinz-Uwe nicht möglich, die positive Kraft der Gedanken, Gefühle und Visualisierungen in dieser Situation einzusetzen.
Er kam zu mir in die Praxis und sagte: „Nun stell dir doch mal vor, was geschieht, wenn ich den Job nicht erhalte! Der Gerichtsvollzieher wird die Stereoanlage beschlagnahmen, und Marianne wird vielleicht in Jahren, wenn Florian zur Schule geht, ihr Studium fortsetzen können ...“

An der Stelle unterbrach ich ihn, er war so in Fahrt, ich glaube, er hätte noch Stunden seine schwarzmalerischen Bilder heraufbeschwören können.

Bei anderen Klienten hatte ich schon mal in ähnlichen Situationen ausgerufen: „Auf keinen Fall! So unangenehme Dinge stelle ich mir nicht auch noch vor." Damit konnte ich dann bewußt machen, daß sie sehr achtlos mit ihren Vorstellungen umgingen. Gehen wir davon aus, daß Imaginationen in vielen Fällen ihre Wirkung tun, nämlich dergestalt, daß wir die Situationen, die wir uns besonders deutlich vorstellen, damit auch ins Leben rufen. Dann wäre es unverantwortlich, sich Situationen vorzustellen, die den Fluß unseres Lebens, unseres Glücks oder unserer Gesundheit blockieren.

Diesmal verzichtete ich auf das soeben erwähnte Hilfsmittel. Um die Besonderheit der heutigen Arbeit nicht zu gefährden, sagte ich einfach: „Laß uns mit der Arbeit beginnen."

Da Heinz-Uwe, wie schon erwähnt, ein erfahrener Whole-Self-Klient war, hatte er das Telefonat, als er mir die Problematik in Kurzform geschildert hatte, mit den Worten beendet: „Dazu müssen wir noch ein Past-Life machen."

Noch bevor Heinz-Uwe in die Praxis kam, hatte ich das sichere Gefühl, diesmal mit einem Past-Life nicht an das gewünschte Ziel gelangen zu können. Ich war mir sicher, Heinz-Uwe würde diesmal wieder mühelos Bilder aus einem für ihn hochtraumatischen Past-Life visualisieren. Möglicherweise würde nach der Auflösung und des Abschlusses dieser Arbeit ein kurzfristiger Erfolg erreicht werden. Nur was war nach den bisherigen Sitzungen mit der Whole-Self-Methode in seinem Leben passiert? Heinz-Uwe wurden kurze Atempausen gewährt, in denen er zeitweise Glück und Zufriedenheit, sowie Sicherheit erfahren hatte. Wenn sich im Anschluß daran wieder hochdramatische Lebenssituationen einstellten, konnte unser Ziel nicht darin liegen, mit einem kurzfristigen Erfolg, der hier in der Beförderung zum Abteilungsleiter bestehen würde, zufrieden zu sein. Wir würden einen dauerhaften Aufwärtstrend anstreben müssen, um die auffällig häufigen Krisen in Heinz-Uwes Leben ausschalten zu können.

Die größte Problematik schien mir in der vorzüglichen Vorstellungskraft dieses lebhaften jungen Mannes begründet zu sein. Ich vermutete, daß Heinz-Uwe seine Vorstellungskraft nicht nur während der Therapiestunden aktivierte, sondern er schien sich auch im Alltag damit hervorragend zu unterhalten, daß er sich schreckliche Situationen ausmalte und den Akteuren dieser Stories fasziniert zusah. All meine Appelle, diese Gabe für segensreiche Situationen einzusetzen, verhallten ungehört. Ich konnte jedem Gespräch mit ihm entnehmen, daß Heinz-Uwe noch immer auf dem Gruseltrip war. Immer wieder klangen Sätze an wie: „Ich sehe uns schon auf der Straße sitzen, weil wir die Miete nicht mehr bezahlen können. ... Florian wird seine ersten Lieder in der Öffentlichkeit singen und dann mit einem Hut 'rumgehen. ..."

Wenn ich nun auch noch ein Past-Life abrufen würde, bekäme Heinz-Uwe von mir auch noch Aufmerksamkeit für das Beschäftigen mit unangenehmen Bildern und Situationen. Damit würde ich diesen fatalen Hang von ihm noch verstärken.

Im allgemeinen ist es durchaus in Ordnung, Past-Life-Arbeit zu machen. Es muß nicht befürchtet werden, daß durch diese Arbeit ähnliche Situationen im aktuellen Leben kreiert werden. Die Auflösung der Traumata und die Abschlüsse in den Past-Lifes und den übrigen Whole-Self-Skripten sind von so einer starken Signalwirkung für das Whole-Self der KlientInnen, daß wir da ganz sicher sein dürfen. In den 25 Jahren, die mit dieser Therapieform gearbeitet wurde, konnten alle Whole-Self-TherapeutInnen bestätigen, daß die Past-Lifes auch wirklich beendet werden.

Nur mit Heinz-Uwe hatten wir den Sonderfall, daß er von Kindheit an daran gewöhnt schien, sich das Leben dunkel und unerfreulich vorzustellen. Da Heinz-Uwe über sehr viel Kreativität verfügte, kamen bei diesen Visualisierungen so interessante Geschichten 'raus, daß er von diesen richtig fasziniert war.
Und ich war jetzt nicht mehr bereit, diese Praktik auch noch zu verstärken, selbst dann nicht, wenn durch einen Whole-Self-Abschluß die Arbeit anschließend einen sehr großen Nutzen bringen könnte.

Ein weiterer bedenkenswerter Punkt schien mir der Widerstand zu sein, mit dem Heinz-Uwe die Gefühle belegte, die die unangenehmen Situationen begleiteten. Ich sah ihn oft mit ohnmächtiger Wut reagieren, wenn er wieder mit dramatischen Situationen konfrontiert wurde.
Während unserer gemeinsamen Arbeit hatte Heinz-Uwe sich den Gefühlen stellen können, hatte sie auf allen Ebenen zulassen können, auch wenn ihm das zunächst als nicht sehr angenehm erschienen war. Daher konnte er auch Erfolge im Anschluß an die Sitzungen verbuchen.

Wenn das Leben ihn aber nun wieder konfrontierte, war es ihm nicht gelungen, die dazugehörigen Gefühle zuzulassen. Er wehrte sich mit aller Kraft dagegen und fällte die entsprechenden Eigenurteile, wie: ‚es nicht wert zu sein' oder ‚nicht gut genug zu sein', die die nächste Situation anzogen, in der er wieder die Chance bekam, den Widerstand aufzugeben.

Als wir bei diesem Mal mit der Lichtmeditation fertig waren, begleitete ich Heinz-Uwe am Beispiel seiner jetzigen Situation dabei, zu spüren, wie es sich anfühlt, wenn der Widerstand auftaucht. Und das in jedem dieser vier Körper, mit denen wir arbeiten, dem physischen Körper, dem Emotionalkörper, dem Mentalkörper und dem spirituellen Körper. Wir begaben uns gemeinsam zu jeder Blockade, und Heinz-Uwe machte sich in dem jeweils angesprochenen Körper bewußt, wie sich das Stocken der Energien anfühlt, und was der Widerstand sonst noch für Begleiterscheinungen hat.

Anschließend gingen wir daran, jeden dieser Körper wieder zu energetisieren und diese Energien wieder zum Fließen zu bringen.
Im physischen Körper lösten wir mit Hilfe der Atmung die Blockade auf. Wir beruhigten den Emotionalkörper, bis dieser nicht mehr den Solarplexus anwies, sich zu schließen und damit wieder ein Fühlen möglich wurde, wir beruhigten den Verstand, indem wir ihm die Zusammenhänge erklärten und zum Schluß spürte Heinz-Uwe die Verbundenheit mit seiner spirituellen Ebene, indem er seine Aufmerksamkeit die Wirbelsäule hinauf lenkte und fühlte, wie eine Verbindung von seinem Scheitel aus zu seinem spirituellen Körper bestand. Durch das Klären der ersten drei Körper wurde automatisch die Verbundenheit zu dem vierten Körper wieder hergestellt.

Wir hatten gemeinsam durchexerziert, wie das denn geht, wenn wir den Widerstand aufgeben wollen.

Ich fragte mich, ob diese Stunde ausreichen würde, die Problematik von Heinz-Uwe endgültig zu lösen.
Ich vertraute darauf, daß sich Heinz-Uwe in Zukunft häufiger entscheiden würde, seine Gefühle zuzulassen. Damit wäre schon viel gewonnen.

Einige Tage später rief Heinz-Uwe an und berichtete gefaßt, daß seine Firma den Kollegen Maimann zum Abteilungsleiter ernannt hat, und dieser nun sein Vorgesetzter sei.
Heinz-Uwe hatte die Gefühle zugelassen, die daraufhin hochkamen.

Marianne hatte sich entschlossen, abends und an Wochenenden durch einen Serviererinnenjob Geld zu verdienen. Dadurch konnten sie eine Tagesmutter für Florian engagieren, und Marianne nahm ihr Studium wieder auf.

Heinz-Uwe belegte bei einer Sprachenschule das Fach Spanisch, auch das war nun finanziell möglich. Durch das Erlernen einer dritten Fremdsprache hatte er sicherlich irgendwann die Möglichkeit, sich bei einer anderen Firma um eine besser bezahlte Tätigkeit zu bewerben.

Für Heinz-Uwe und Marianne war damit eine arbeitsreiche Zeit angebrochen. Beide fühlten sich voll ausgelastet und doch glücklich. Sie erlangten durch das Beenden ihrer vorher scheinbar aussichtslosen Lage und durch die Erfolgserlebnisse bei ihren verschiedenen Tätigkeiten ein hohes Maß an Zufriedenheit.

Mangel im finanziellen Bereich war in der unserer letzten Whole-Self-Stunde vorangehenden Zeit ein Dauerthema gewesen. Was Heinz-Uwe auch versuchte, um ein Auskommen zu finden, immer stellten sich Notwendigkeiten ein, die den finanziellen Rahmen sprengten.
Im Anschluß an diese Arbeit fand die kleine Familie ständig genügend Möglichkeiten, das notwendige Geld für alle Bedürfnisse zu verdienen. Häufig brachten andere Menschen ihnen die Jobs sogar in Form von zu tippenden Examensarbeiten oder Bestellungen von Tiffany-Lampen ins Haus. Seltsamerweise kamen Freunde oder Bekannte immer dann mit neuen Aufgabenstellungen, wenn Heinz-Uwe sich gerade fragte, wie er denn die nächste Inspektion fürs Auto oder ähnliches finanzieren sollte. Heinz-Uwe hatte sich durch die letzte Whole-Self-Arbeit die Überzeugung zu eigen gemacht, daß seine Familie zu jeder Zeit alles bekommt, was sie benötigt.
Damit hatte er das 2. Whole-Self-Gesetz aktiviert: 'Was immer ich wirklich glaube, werde ich mir beweisen.'

Er war vorangekommen. Während er und die Familie früher nicht immer ausreichend mit Geld versorgt waren, konnte er jetzt eine durchgehende finanzielle Sicherheit verbuchen.
Doch leider gab es da bei Heinz-Uwe einen weiteren Glaubenssatz, der seine entsprechenden Auswirkungen hatte: „Für Geld muß man hart arbeiten."

Auf der emotionalen Ebene erlebte Heinz-Uwe auch ein Weiterkommen. Wenn er nun einmal Niedergeschlagenheit fühlte, wehrte er sich nicht mehr dagegen. Er ließ die Gefühle zu, ging bewußt durch die entsprechenden Zustände hindurch und schaffte es, sich selbst wieder ins Lot zu bringen.
Zuvor hatte er dafür Hilfe von außen benötigt.

*

Begonnen hatte ich vor eineinhalb Jahren mit diesem Buch. Meine zahlreichen ausgedehnten Pausen führten zu der langen Entstehungszeit.

Auch ohne meine Arbeit am Schreibtisch oder mit dem Notebook hätte ich nicht über Langeweile zu klagen gehabt.
Inzwischen entwickelte ich neue Programme, mit denen ich in der Praxis arbeitete; manche, wie die ganzheitliche Unternehmensberatung, gemeinsam mit meiner Freundin und Kollegin Katharina Honey, die dankenswerterweise das Vorwort von Jon Richard G.Turner ins Deutsche übersetzte.
Diese neuen Bereiche forderten immer wieder viel Zeit und Aufmerksamkeit. Doch in einer Beratungspraxis ist Flexibilität notwendig, wenn diese erfolgreich sein soll und Bestand haben soll.

Es soll keine Entschuldigung für das späte Erscheinen dieses Buches sein, sondern eher eine Erklärung.

In der Zwischenzeit ging meine persönliche Entwicklung weiter, so daß ich nun sicherlich nicht mehr alle beschriebenen Arbeiten so erledigen würde, wie ich sie hier aufgeführt habe.
Zu Beginn der Aufzeichnungen dachte ich über den zu erwar-

tenden Wissens- und Erfahrungszuwachs nach, in dem Bewußtsein, das Buch nicht in zwei Monaten fertigstellen zu können, und da einige Sitzungen mit der Whole-Self-Methode schon mehr als zweieinhalb Jahre zurückliegen, hat sich inzwischen einiges an Einsichten und Veränderungen ergeben, was sich natürlich auch auf die Herangehensweise in den Sitzungen auswirkt. Ich entschloß mich dann doch bewußt dazu, dieses Buch zu schreiben, auch wenn meine Arbeitsweise entwicklungsbedingt ständig im Wandel ist.
Ich bin der Auffassung, daß die Menschen, die zu mir kamen, genau diesen Stand benötigten, den ich zu der jeweiligen Zeit innehatte. Heute würde ich nicht mehr so aktiv eine Sitzung führen, ich neige nun dazu, eher zu begleiten. Die KlientInnen werden möglicherweise mental nicht solche Sensationseinsichten erhalten, doch sie werden mehr fühlen und das für sich als aktiven Schritt verbuchen können.

In diesem Buch erscheinen lediglich Ausschnitte aus kompletten Arbeiten der Whole-Self-Methode.
Alle diejenigen, die bereits einen Workshop mit der Whole-Self-Methode besucht haben, werden vergeblich die Vorgeburtsarbeit (PAM) gesucht haben. Denn üblicherweise wird zu Beginn ausschließlich die Vorgeburtsarbeit (PAM) durchgeführt. Aber wie bereits erwähnt, kann dieser Teilbereich nicht beschrieben werden, ohne mentale Konzepte zu schaffen, die bei denjenigen, die die Whole-Self-Methode noch selber erleben wollen, einen erheblichen Abstrich an der Wirksamkeit der Therapie hervorrufen würden. Die hier beschriebene Past-Life-Arbeit wird nur in Ausnahmefällen ohne vorherige Vorgeburtsarbeit (PAM) gemacht.
Die Beschreibung der Therapiestunden ist absichtlich sehr allgemein gehalten, um Rückschlüsse auf die Arbeitstechnik zu verhindern. Damit möchte ich ein Nachahmen durch nicht ausgebildete TherapeutInnen oder LaiInnen ausschließen. Diese Arbeit nach dem Whole-Self-Konzept erfordert eine umfas-

sende Ausbildung und anschließend intensive Supervisionsbegleitung bei den ersten eigenständigen Whole-Self-Sitzungen durch Fachleute. So einfach die Beschreibung der Fälle auch zunächst wirken mag, die wesentlichen Voraussetzungen für die TherapeutInnen zu erlernen, erfordert einiges Engagement. Ausbildungen zu Whole-Self-TherapeutInnen finden ständig in Holland und in Deutschland statt.

Um Rückschlüsse auf die KlientInnen zu vermeiden, wurden sämtliche Namen und Lebensumstände der Personen geändert. Ähnlichkeiten mit lebenden Personen sind also rein zufällig. Die Past-Lifes selber wurden lediglich mit geringfügigen, unwesentlichen Änderungen versehen, damit auch sie nicht so einfach zugeordnet werden können. Falls jemand etwas aus seinem/ihrem Past-Life erzählt, soll es nicht möglich sein, die Problemkonstellationen, die authentisch berichtet werden, mit den dazugehörigen Personen in Verbindung zu bringen.

Übungen

zur praktischen Anwendung

Lichtmeditation

Mit Hilfe der nun folgenden Lichtmeditation ist bei regelmäßiger Durchführung derselben eine deutliche Zunahme der Sensitivität zu erwarten. Die Meditation führt zur Zentrierung, zur Verbindung mit dem Whole-Self, und damit auch zur Besserung von psychischen Instabilitäten.
Ich möchte Sie einladen, diese Meditation selbst durchzuführen.
Auch wenn Sie sie einfach nur lesen, werden Sie fühlen, welche Kraft die Whole-Self-Methode beinhaltet.

Die Lichtmeditation ist nicht als Ersatz für Medikamente oder Psychotherapie geeignet.

*Durchführung**:
Die Lichtmeditation wird, wie alle anderen Whole-Self-Führungen auch, in der Regel im Sitzen durchgeführt. Es ist empfehlenswert, sich aufrecht und bequem hinzusetzen, die Füße auf den Boden zu stellen, Beine und Arme nicht zu verschränken, die Hände neben dem Körper zu halten und mit den Fingern keine Mudras zu bilden.
Die Meditation kann vorgelesen werden, oder so häufig lesend

* Siehe dazu auch Seite 228.

durchgeführt werden, bis Sie den Text auswendig können, oder Sie sprechen Ihn auf Band und spielen ihn dann ab.
Eine Pause wird durch ... angezeigt.
Die eingerückten Passagen ab: *und nun biete ich*, können weggelassen werden.

Lichtmeditation

Ich lenke meine Aufmerksamkeit in meine Zehen,
... und ich bin mir des Lichtes in meinen

Zehen
Füßen
Knöcheln
Waden und Schienbeinen
Knien
Oberschenkeln und Hüften
meinem Bauch
Solar Plexus
Brustkorb
meinem Steißbein

bewußt,

und ganz behutsam
führe ich mein Bewußtsein dieses Lichtes meine Wirbelsäule hinauf ...
bis zu meinem Scheitel.
Und mit Hilfe meiner schöpferischen Vorstellungskraft ...
schaffe ich eine kleine Öffnung in meinem Scheitel, ...
und ich lasse mein Bewußtsein durch diese Öffnung hinaus treten,
und ich lasse es direkt zum Zentrum der Schöpfung gehen, wo immer das auch sei.

Die Worte dafür lauten: Ich bin im Zentrum der Schöpfung, JETZT.

Und wenn ich diesen Punkt des Bewußtseins erreicht habe, ...
erkenne ich, daß die gesamte Schöpfung mit diesem Licht erfüllt ist, ...
mit diesem Glanz, ... mit diesem Leuchten, ...
schimmernd, ... vibrierend, ... pulsierend.

Und nun lasse ich mich eingehüllt sein von diesem Licht, ...
umarmt werden von diesem Licht, ...
ich verschmelze mit diesem Licht, ...
ich werde eins mit diesem Licht.

Und, während ich dies geschehen lasse, bemerke ich,
daß dieses Licht die schöpferische Kraft allen Lebens ist.
Diese Kraft hat viele Namen. Ein Name, den ich ihr geben kann, ...
ist bedingungslose Liebe, ...
die bedingungslose Liebe der Schöpfung für alles in ihr selbst.
Und da ich an dieser Schöpfung teilhabe, ...
da ich ein Teil dieser Schöpfung bin, ...
weiß ich, daß ich an dieser bedingungslosen Liebe teilhabe. ...

Und nun ziehe ich dieses Licht durch meinen Scheitel zurück in mein Gehirn, ...
und ich lasse das Bewußtsein aller Zellen in meinem Gehirn dieses Licht empfangen, als ein Geschenk von mir selbst für ihre vollkommene Funktion.

Ich lasse dieses Licht in meine Stirn fließen ...
und ich lasse das Bewußtsein aller Zellen in meiner Stirn dieses Licht empfangen ...
als ein Geschenk von mir selbst dafür, ...
daß sie mir vollkommene innere Sehkraft geben, ... vollkommene Einsicht.

Dies wird häufig sehr körperlich empfunden ...
als ein Prickeln oder ein Pulsieren in der Mitte meiner Stirn, ...
während sich meine innere Sicht behutsam öffnet und zunimmt.

Und nun lasse ich dieses Licht durch meine Augen und Sehnerven fließen, ... durch meine Nase, ... meine Nebenhöhlen, ... meine Ohren, ... meinen Mund, .:. meinen Hals.
Ich lasse das Bewußtsein aller Zellen in den Sinnesorganen in meinem Kopf und in meinem Hals dieses Licht empfangen als ein Geschenk von mir selbst für ihre vollkommene Funktion.

Ich lasse dieses Licht meine Arme hinunter in meine geöffneten Hände fließen.
(Ich drehe meine Handflächen für einen Moment nach oben.)
Ich lasse das Bewußtsein aller Zellen in meinen Händen dieses Licht empfangen als ein Geschenk von mir selbst, dafür, daß sie mir ein vollkommenes Gespür geben, ... vollkommene Kreativität ... und vollkommene Stärke. ...

Ich erkenne, daß ich eine strahlende Kugel aus heilendem, kristallklarem Licht in meinen Handflächen und Fingerspitzen halte. ...
Und da ich dieses heilende Licht in meine Händen fühlen kann, weiß ich, daß ich dieses heilende Licht tatsächlich in eine jede Zelle meines Körpers gebracht habe.
Es ist einfach so, daß ich es in meinen Händen besonders klar fühlen kann.

> Und nun biete ich dieses heilende Licht all jenen an,
> die mich um Hilfe oder Heilung gebeten haben, ...
> so daß sie alle dieses heilende Licht so benutzen können,
> wie es für ihre Entwicklung am geeignetsten ist.
> Hier sehe ich jede einzelne Person, oder ich denke an sie. ...

Und ich biete dieses heilende Licht all jenen an,
die mich um Hilfe oder Heilung gebeten haben,
deren Name mir nicht einfällt,
so daß auch sie an diesem heilenden Licht teilhaben können.

Ich biete dieses heilende Licht all jenen an,
die gerade geboren oder gestorben sind, ...
so daß sie alle dieses heilende Licht so benutzen können,
wie es für ihre Entwicklung am geeignetsten ist.
Hier sehe ich jede einzelne Person, oder ich denke an sie. ...

Und ich biete dieses heilende Licht all jenen an,
die gerade geboren oder gestorben sind,
und deren Name mir nicht einfällt,
so daß auch sie an diesem heilenden Licht teilhaben können.

Ich biete dieses heilende Licht all jenen an,
die ich geliebt habe, jetzt liebe, oder jemals lieben werde, ...
so daß sie alle dieses heilende Licht so benutzen können,
wie es für ihre Entwicklung am geeignetsten ist.
Hier sehe ich jede einzelne Person, oder ich denke an sie. ...

Und ich biete dieses heilende Licht all jenen an,
die ich geliebt habe, jetzt liebe oder jemals lieben werde und
deren Name mir nicht einfällt,
so daß auch sie an diesem heilenden Licht teilhaben können.

Ich biete dieses heilende Licht meiner gesamten Familie an,
allen meinen Verwandten, ...
meinen genetischen Vorfahren
bis zum Anfang des menschlichen Bewußtseins, ...
meinen Vorlebensdimensionen, ...
diesem Raum, ... diesem Ort, ... diesem Land, ...
dem Planeten Erde, ...
und dem gesamten physischen Universum, ...

so daß auch sie dieses Licht so benutzen können,
wie es für ihre Entwicklung am geeignetsten ist.

Nun biete ich dieses heilende Licht meinem eigenen Herzzentrum an, ...
und ich lasse das Bewußtsein aller Zellen meines Herzens dieses Licht empfangen als ein Geschenk von mir selbst dafür, daß sie mir vollkommene, bedingungslose Selbstliebe geben ... vollkommene, bedingungslose Liebe für mich selbst. ...

Und ich fühle die Freude in meinem Herzen, ...
da es erkennt, daß ich mich gerade wieder mit der Quelle meines eigenen Seins vereinigt habe, ...
daß ich nicht mehr allein bin, sondern verbunden mit dieser Quelle.

Und ich danke meinem Herzen dafür, daß es in jedem Moment dieses Lebens mein Blut durch meinen Körper pumpt.
Und mit jedem Schlag meines Herzens pumpt es nicht nur mein Blut, ...
sondern auch dieses Licht ...
in meinen Brustkorb, ... in meinen Solar Plexus, ... in meinen Bauch. ...

Ich lasse das Bewußtsein aller Zellen dieses Licht empfangen als ein Geschenk von mir selbst für ihre vollkommene Funktion in allen meinen Organen, ... allen Drüsen, ... allen Flüssigkeiten, ... allen Knochen, ... allen Gelenken, ... allen Muskeln, ... allen Nerven, ... allen Meridianen, ... der Haut ... und den Haaren meines Körpers.

Noch einmal lasse ich dieses heilende Licht über meinen Kopf hinabfließen, ... über mein Gesicht, ... meinen Hals, ... meinen Nacken, ... meine Schultern, ... meine Arme, ... meine Hände, ... meinen Rücken, ... meinen Brustkorb, ... meinen Solar Plexus. ...

Ich bemerke, daß ich in einer Kaskade aus
strahlendem, heilendem Licht sitze, ...
es fließt in, ... durch ... und um mein Whole-Self herum.

Und da ich weiß, daß ich diese Energie erneuern kann, wann immer ich will, ... lasse ich dieses Licht herunterfließen ...
an meinem Bauch, ... meinen Hüften, ... meinen Oberschenkeln, ... meinen Knien, ... meinen Waden und Schienbeinen, ... meinen Knöcheln, ... meinen Füßen, ... meinen Zehen. ...

Und da ich die ganze Zeit völlig bewußt und hellwach war, kann ich, sobald ich möchte, behutsam meine Augen wieder öffnen.

Den Widerstand aufgeben

Um ein ungeliebtes Muster nicht mehr wiederholen zu müssen, kenne ich nur eine Möglichkeit, die Wiederholung zu vermeiden, nämlich den Widerstand gegen dieses Muster aufzugeben.

Beispiel:
Monika liebt Bernd. Bernd liebt Monika.
Beide leben seit Jahren in einer festen Beziehung miteinander.
Eines Tages sieht Bernd zufällig auf der Straße, wie Monika einem alten Kommilitonen bei einer Begrüßung um den Hals fällt.
Monika bemerkt Bernds Anwesenheit nicht.
Das Ereignis löst Bernds Eifersucht aus.
Diese Emotion nagt an Bernd.
Zweifel werden laut: „Liebt sie ihn? Hat sie ein Verhältnis mit ihm? Wenn ja, wie lange geht das schon so? Was hat der, daß sie ihm so um den Hals fällt?“

Monika nimmt sich vor, Bernd sofort zu erzählen, daß sie Klaus getroffen hat, der sie und Bernd am kommenden Samstag besuchen will.
Als sie Bernd sieht, erkennt sie gleich, daß Bernd eine furchtbar schlechte Laune hat. Ihr sind Bernds unbegründete Eifer-

suchtsszenen bekannt, und so will sie nicht auch noch den Namen von Klaus erwähnen, wo sie doch sieht, daß Bernd so eine Stinklaune hat. Sie erzählt lieber von ihrer Verabredung mit Susanne für heute abend. Bernd glaubt ihr kein Wort, er vermutet, Monika sei mit Klaus verabredet, und explodiert.

Uns allen geht es bei einigen Mustern genau wie Bernd und Monika.
Wir wiederholen immer wieder eine bestimmte Art von Emotion. Dabei ziehen wir die auslösenden Situationen magisch an.
Wir wollen nicht fühlen, wie diese Emotion, hier Eifersucht, auf uns wirkt. Wir wollen unsere Machtlosigkeit, Hilflosigkeit, das Gefühl, nicht liebenswert zu sein, nicht fühlen.
Wir leben den Widerstand gegen diese Gefühle und beurteilen uns gleichzeitig dementsprechend.
Wie Bernd, der eigentlich befürchtet, nicht liebenswert zu sein und deshalb von Monika betrogen zu werden. Die Angst und die Eigenbeurteilung, nicht liebenswert zu sein, ziehen die nächste Situation an, in der er wieder die Chance hat, diese Emotion zuzulassen. Gleichzeitig will Bernd aber gar nicht wahrnehmen, daß er sich eventuell als nicht liebenswert beurteilt. Und so wird er wütend. Das ist eine klassische Widerstandsreaktion.

Bernd legt die Wut über seine Emotion, um die Eigenbeurteilung als *nicht liebenswert* zu vermeiden. Würde er es einmal zulassen, daß diese Eigenbeurteilungen in Verbindung mit den dazugehörigen Emotionen ihn erreichen und nicht durch Wut und Aggression verdeckt werden, könnte Bernd über diese Emotionen etwas lernen. Er könnte nachspüren, was die dazugehörigen Gefühle mit ihm machen. Und genau aus diesem Grunde zieht sein Whole-Self immer wieder Situationen der Art an, damit Bernd über dieses *nicht liebenswert zu sein* etwas lernen kann.

Monika hat die Selbstbeurteilung, *nicht liebenswert zu sein*, genau so installiert wie Bernd. Aus dem Grunde braucht sie unbedingt Bernds Eifersuchtsszenen, damit sie immer wieder einen Anlaß findet, die sonst entstehende Nähe und Liebe nicht auszudrücken.
Wenn Bernd aus Eifersucht sauer reagiert, hat sie keine Veranlassung mehr, ihn anzunehmen. Würde sie aber andernfalls Liebe, Nähe und Hingabe zulassen, bestünde die Möglichkeit, daß Bernd das alles ablehnen könnte. Diese Zurückweisung wäre zu schmerzhaft für Monika, sie könnte dann die Selbstbeurteilung, *nicht liebenswert zu sein*, nicht mehr vermeiden. Und um dieser Selbstbeurteilung widerstehen zu können, benötigt Monika Bernds Eifersucht, was ihr aber keineswegs bewußt ist.
Da sie über die gleiche Selbstbeurteilung ein Lernprogramm hat wie Bernd, passen die zwei jungen Leute recht gut zueinander. Sie haben die Möglichkeit, gemeinsam zu lernen und sich gemeinsam zu entwickeln.

Den Widerstand aufzugeben, das Fühlen der Selbstbeurteilung *nicht liebenswert* zuzulassen, erfordert dann exakt so viel Energie, wie zuvor die Vermeidung.
Wenn wir uns klarmachen, daß es gleich anstrengend ist, ob wir den Widerstand aufgeben oder ihn aufrecht erhalten, können wir uns vielleicht eher entscheiden, hindurchzugehen. Und uns somit dieses Musters entledigen, das Leben wird anschließend soviel einfacher und energiereicher, wenn wir uns entschließen, wieder zu fühlen.

Emotionen wie Eifersucht, Angst, Wut, Aggression, Trauer etc. sind keine Basisgefühle, d.h., sie sind nicht direkt änderbar. Wenn wir bereit sind, den Widerstand aufzugeben, müssen wir bei solchen Emotionen zunächst durch z.B. die Angst oder Wut gehen, um zu erfahren, was als Basis unter der Angst/Wut liegt, um dann direkt mit diesen Gefühlen arbeiten zu können.

Wenn ich Angst und Wut nicht ändern kann, ist es wirkungslos, ausschließlich an der Angst/Wut zu arbeiten, ich habe mich dann den Gefühlen und Selbstbeurteilungen zu widmen, die durch die Angst oder die Wut vermieden werden zu fühlen und die die Basis für die Angst/Wut bilden; diese sind zunächst nie erkennbar, da die Angst oder die Wut über ihnen liegt und sie die Selbstbeurteilungen oder Basisgefühle verdeckt.

Emotionen, die änderbar sind (mit denen direkt gearbeitet werden kann), lösen folgende Selbstbeurteilungen aus:
nicht liebenswert zu sein, es nicht wert sein, minderwertig, wertlos, unwichtig, nicht gut genug, überflüssig, unpassend, schlecht, schrecklich, fürchterlich, verachtenswert, ekelhaft, nicht unterstützenswert, dumm, blöde, ungeeignet, unbefugt, unfähig, unvollkommen, mangelhaft, hilflos, hoffnungslos, machtlos.

Und nun einige Hilfestellungen, wie alle experimentierfreudigen LeserInnen bei der nächsten unangenehmen Situation einmal für sich das Experiment wagen können, den Widerstand gegen ein Gefühl, bzw. eine Emotion loszulassen.

Spüre ich, daß ich einer der o.g. Selbstbeurteilungen widerstehen möchte, oder daß diese mir ein Ungemach bereitet, so kann ich mir als erstes vornehmen, mich in die Situation zu begeben und sie nicht durch eine Widerstandsreaktion mehr oder weniger elegant zu umschiffen.

Mich hineinbegeben zu wollen, ganz bewußt, ist der erste Schritt, der erfolgen muß.
Ich beobachte, wie dieses unangenehme Gefühl sich in meinem Körper ausbreitet, mir vielleicht den Atem nimmt, oder meine Haut zusammenziehen läßt, meinen Solarplexus verkrampft, mein Herz verhärtet, meine Gedanken blockiert und mich von meiner spirituellen Verbundenheit abschneidet.

All das betrachte ich voller Interesse, ohne mich dabei zu beurteilen. Die Situation wird möglichst klar betrachtet; das, was geschieht, wird wahrgenommen.
Sollte es mir schwerfallen, als neutrale/r Beteiligte/r aufzutreten, stelle ich mir vor, ich beobachtete mich selbst, so, als stünde ich neben mir.
Sobald ich mir das bildlich klarmache, da stehe ich und beobachte mich selbst, ist meinem Verstand klar, daß ich in dem Moment nicht mit dem drückenden Gefühl identisch sein kann. Jede Identifizierung entfällt augenblicklich. Und dann kann ich eher der/die neutrale, nicht wertende BeobachterIn sein, als wenn ich mit meinem Verstand über diese Empfindungen nachdenke.
Am Anfang mag so eine Hilfsmaßnahme, wie das Installieren eines/r außenstehenden Beobachters/in notwendig oder sinnvoll sein. Sobald wir jedoch ein wenig Übung in der BetrachterInnen-Rolle haben, werden wir auch ohne diese/n externe/n BeobachterIn auf eine Wertung unserer Gefühle und Reaktionen verzichten können.

Als ich es zum ersten Male bewußt zulassen konnte, den Widerstand aufzugeben, entschied ich mich gleich dafür, es mit meinem schmerzlichsten Muster zu versuchen. Ich benötigte dafür drei ganze Tage. Ich brachte während dieser Zeit nur noch Fast Food auf den Tisch und erledigte überhaupt keine andere Arbeit mehr.
Wenn Sie nun denken: „Drei ganze Tage, so lange könnte ich mich nie einem Muster widmen“, dann gebe ich zu bedenken, daß ungelöste Muster zu Depressionen führen, die für wesentlich gravierendere Ausfälle sorgen, als drei Tage Psychoarbeit mit sich selbst verursachen können.
Es handelte sich bei mir auch um das extremste Muster, welches überhaupt anlag. Ich begann gleich damit. Mit etwas Übung in weniger dramatischen Bereichen wäre ich dem auch schneller auf die Spur gekommen.

Doch ich hatte nach diesen drei Tagen mit diesem schmerzlichen Muster so einen enormen Erfolg zu verbuchen, daß ich schon froh war, mir einen so großen Brocken vorgeknöpft zu haben. Beginne ich mit schwierigen Dingen, werde ich, sofern ich es durchhalte, große Ergebnisse verzeichnen können, suche ich mir kleine Punkte hervor, werden es kleine Erfolge sein, die auf mich warten. Gerade zu Beginn sind spektakuläre Ergebnisse so motivierend, daß es sich meines Erachtens unbedingt lohnt, auch eine große Energiemenge dafür einzusetzen.

Durch dieses Ausbalancieren der Selbstbeurteilungen und die Beschäftigung mit den blockierenden Mustern wurde mein Leben so viel freier und energievoller, daß ich mich zunehmend lieber mit meinen Mustern beschäftigte. Ich wertete es immer wieder als Erfolgserlebnis, wenn ich etwas erkannte, mich sogleich damit, wie ich es oben beschrieben habe, auseinandersetzte und mit immer geringerem Zeitaufwand ad acta legen konnte.
Dabei trat ein nicht zu unterschätzender Nebeneffekt auf.
Da mir Erfolg und Entwicklung Freude bereiteten, setzte ich mich mit meinen belastenden Mustern oder mit meinen Emotionen gerne auseinander, wobei meine Aufmerksamkeit auf dem zu erwartenden Erfolg lag, und so entfiel gleich die destruktive Selbstbeurteilung, die solche Muster sonst typischerweise begleitete.
Und damit war der Wiederholung schon die Grundlage entzogen.

Der einzige Nachteil bei häufiger Anwendung der „Musterlösung“ besteht darin, daß sich der Blick für die eigenen Unzulänglichkeiten sehr schärft.
Manche dieser alten unangenehmen Muster und Verhaltensweisen möchte ich noch nicht verwandeln. Wenn ich dem aber sehr klar ins Auge sehe, kann ich es mir nicht immer genehmi-

gen, mich noch mit einigen unnötigen Schwierigkeiten abzuplagen.
Würde ich jedoch jedes Muster, das ich nicht mag, sofort ändern, konfrontierte mein Leben mich mit zuviel Neuem, so daß es für mich schwierig wäre, mich zu orientieren.
Durch meine ständigen Arbeiten an den alten Mustern, in dem Maße, wie ich es jetzt bereits zulasse, erlebe ich schon eine enorme Dynamik in meinem Leben, die für viele meiner Mitmenschen, die nicht so veränderungsfreudig sind, so nicht auszuhalten wäre. Und trotzdem nehme ich mir die Punkte, die ich für die Lösung hintanstelle, oftmals übel, ganz einfach, weil ich sie mit einer so übergroßen Deutlichkeit im Blickfeld habe. Dann wird es immer wieder notwendig, Sanftmut mir selbst gegenüber zu praktizieren.

Die Lösung von alten Mustern bringt neue Situationen ins Leben, so daß für Langeweile kein Raum mehr besteht.
Ich kann dieses Experiment, den Widerstand aufzugeben, nur weiterempfehlen.
Sollten Sie es selbst einmal versuchen, werden Sie auf die Ergebnisse nicht mehr verzichten wollen.

Der Handtanz / Die Balance

Der bildhafte Name Handtanz fiel dieser Übung zu, weil, wie im folgenden beschrieben, die Hände eine tanzende Bewegung während der Übung ausführen.

Selbstbeurteilungen, die sich jahrzehntelang eingeschliffen haben, lassen sich wirksam mit dem Handtanz wieder ausbalancieren.
Die Kraft dieser Übung ergibt sich aus dem Tangieren sämtlicher uns zur Verfügung stehender Ebenen.
Muster und Selbstbeurteilungen werden auf allen Ebenen festgehalten.
Das Ausbalancieren muß folgerichtig dann auch auf allen Ebenen erfolgen. Dabei wird für jede Ebene ein Kommunikationsmittel gewählt, was diese Ebene auch versteht:
Für die physische Ebene : die Bewegung
für die emotionale Ebene: das Fühlen
für die mentale Ebene: das Denken
für die spirituelle Ebene: Energie spüren.

Für die Wirksamkeit des Handtanzes ist es unerläßlich, diese Übung an einundzwanzig aufeinanderfolgenden Tagen durchzuführen.
In Amerika wurde in der Verhaltensforschung festgestellt, daß

ein Verhalten erst dann dauerhaft geändert wurde, wenn die Information dafür an mindestens einundzwanzig Tagen gegeben wurde. Bei zwanzig Tagen nahmen die Versuchspersonen die ursprünglichen Verhaltensmuster anschließend wieder an.
Vergessen wir den Handtanz, der idealerweise zweimal täglich durchgeführt wird, an einem Tag komplett, so ist ein erneuter Beginn, noch einmal von vorne notwendig, das heißt, es sind erneut einundzwanzig Übungstage anzusetzen.
Müssen wir erneut starten, erfährt diese Übung eine erhöhte Wirksamkeit.
Je mehr Energie wir aufwenden, desto größer wird der Nutzen sein, den wir davon haben.

Ich selbst habe schon häufiger mit einer Handtanzliste gearbeitet. Nie gelang mir die Durchführung beim ersten Mal ununterbrochen.

*Durchführung**:
Für jede Emotion und Selbstbeurteilung, die wir ausbalancieren wollen, suchen wir das extreme Gegenteil heraus. Solange wir ein Extrem leben, ziehen wir auch das extreme Gegenteil an, da sich die Extreme gegenseitig bedingen; sie gehören einer Realität an.
Zum Beispiel bei der Selbstbeurteilung: *nicht liebenswert zu sein.* Beurteile ich mich so, ziehe ich auch das extreme Gegenteil dieser Qualität an. Das wäre in diesem Falle *die Vergötterung, jemanden zu idealisieren oder als Idol zu feiern oder selbst vergöttert oder idealisiert zu werden.*

Wobei ich in so einem Falle selber diese Qualitäten lebe und mir Mitmenschen suche, die mir meine Selbstbeurteilungen spiegeln. Das extreme Gegenteil kann für verschiedene Menschen unterschiedlich sein. Deshalb ist es wichtig, für sich selbst das jeweilige Extrempaar nachzuspüren.

* Siehe dazu auch Seite 228.

Ein Indiz dafür, ob ich eine Selbstbeurteilung aktiviert habe, ist meine emotionale Reaktion auf Menschen, die ich als *nicht liebenswert* einstufe. Immer dann, wenn ich emotionsgeladen auf irgendwen reagiere, kann ich mich gleich fragen, was das denn mit mir zu tun hat.
In den seltensten Fällen ist es uns bewußt, daß eine Selbstbeurteilung reaktiv ihre Macht auf uns und unser Erleben ausübt.
Wenn wir aber sehr achtsam jede unserer emotionsgeladenen Reaktionen, die, wie der Name schon sagt, keine Aktionen sind, bis zu ihrem Ursprung zurückverfolgen, können wir uns diesen Selbstbeurteilungen so widmen, daß sie ihre Macht über uns verlieren.

Dadurch beenden wir in unserem Leben das Opferdasein.

Hier noch einmal die Liste der Selbstbeurteilungen:
nicht liebenswert zu sein, es nicht wert sein, minderwertig, wertlos, unwichtig, nicht gut genug, überflüssig, unpassend, schlecht, schrecklich, fürchterlich, verachtenswert, ekelhaft, nicht unterstützenswert, dumm, blöde, ungeeignet, unbefugt, unfähig, unvollkommen, mangelhaft, hilflos, hoffnungslos, machtlos.

Ich nehme nun zur praktischen Anwendung des Handtanzes ein Blatt Papier, richte darauf nebeneinander drei Spalten ein und schreibe alle Selbstbeurteilungen in die linke Spalte untereinander.
Dann suche ich zu jedem Begriff das extreme Gegenteil, welches ich in der rechten Spalte notiere.

In der Whole-Self-Methode begebe ich mich dazu in eine bequeme entspannte Körperhaltung, die ich ja schon zuvor während der Lichtmeditation eingenommen hatte, schließe meine Augen und bitte dann mein Whole-Self, mich erfahren zu lassen, welches denn für mich das extrem entgegengesetzte Prinzip oder die entgegengesetzte Selbstbeurteilung sei. Das geht so, daß ich es

auch exakt so ausdrücke: „Ich bitte mein Whole-Self, mich erfahren zu lassen, welches das extreme Gegenteil zu nicht liebenswert ist!"
Ich höre dann die Antwort, weiß sie, sehe ein geschriebenes Wort oder erfahre die Antwort aus einer Kombination von diesen Möglichkeiten.

Verschiedene Menschen erhalten dann auch unterschiedliche Antworten. Es ist also nicht empfehlenswert, von jemand anderem eine Handtanzliste zu übernehmen.
Häufig ist das extreme Gegenteil von *nicht liebenswert: Idol, vergöttert werden, andere zu vergöttern*, für manche Menschen mögen weitere Prinzipien als extremes Gegenteil von *nicht liebenswert* zutreffen.

Das Mittelwort kommt, wie der Name schon sagt, in die mittlere Spalte. Ich habe dieses Wort so genannt, weil es die mittlere Spalte des Handtanzzettels füllt. Um es zu erhalten, frage ich: „Ich bitte mein Whole-Self, mich erfahren zu lassen, welches Prinzip aus *nicht liebenswert* und *vergöttern/vergöttert werden* herausführt!" Ich erhielt die Antwort: „Selbstliebe." Es ist die Synthese aus den anderen beiden Begriffen.

Unser Zettel könnte dann beispielsweise so aussehen:

Nicht liebenswert	Selbstliebe	vergöttert werden
ohnmächtig	Handlungsfähigkeit, Kreativität	machtbesessen, Kontrolle

Nun stelle ich mir vor, rechts und links neben mir seien die Energien dieser Emotionen. Die Emotionsqualität, die mein Bewußtsein senkt, befindet sich unten (nicht liebenswert). An der an der anderen Seite nehme ich das extreme Gegenteil hoch oben wahr, denn dieser Begriff erhöht mein Bewußtsein. Wobei nachzuspüren wäre, ob der Begriff auf dem niedrigen Niveau rechts oder links seinen Platz hat.

Ich stelle mir nun bildhaft vor, wie ich meine Hand nach unten in die Qualität *nicht liebenswert* tauche, die sich rechts oder links unten neben mir befindet. Dabei empfinde ich emotional diese Qualität *nicht liebenswert*, erfasse sie mit meinem Verstand, ich bemühe mich, diese Empfindung möglichst exakt mit meinem Körper- und Gesichtsausdruck darzustellen, und spüre die dazugehörigen Energien.
Dann entferne ich die Hand wieder aus dieser Emotion, ich lasse dabei die Empfindung von *nicht liebenswert* zu sein los, die Gedanken daran und neutralisiere auch wieder den Körper- und Gesichtsausdruck.

Dann strecke ich die andere Hand nach oben aus, denn dort ist das andere Extrem von *nicht liebenswert*, nämlich *vergöttert werden/Idol zu sein* ansässig. Ich begebe mich auch in die emotionalen Bereiche, die zu diesen Begriffen gehören, denke die dazugehörigen Gedanken und drücke sie auch wieder körperlich aus, wobei ich auch die Energien nachspüre.
Ich mache mir die Unterschiede der beiden Seiten dadurch deutlich, daß ich die beschriebenen Vorgehensweisen einige Male wiederhole, sie mir auf allen Ebenen bewußt mache und wieder loslasse.
Kann ich beide Begriffe ganz deutlich empfinden und ausdrücken und habe ich sie gedanklich ganz klar und kann ich spüren, wie meine energetische Verbundenheit mit dem Whole-Self ausgeprägt ist, dann stelle ich mir vor, ich nähme

von der jeweiligen rechten und linken Seite eine Hand voll mit dieser Qualität und vermische sie gründlich miteinander.

Das dahinter liegende Prinzip lautet: These plus Antithese führt zu Synthese.

Dieses Ergebnis, *Selbstliebe*, das aus den Extremen herausführende Prinzip, halte ich ja nun imaginär in den Händen. Ich stelle mir weiter vor, diese neu entstandene Qualität in mich hinein zu nehmen. Ich gebe sie mit den Händen in mein Brustbein, in die Herzgegend, dabei habe ich meine Aufmerksamkeit auf dem emotionalen Empfinden von *Selbstliebe* und stelle sie auch mit dem Körper- und Gesichtsausdruck schauspielerisch so exakt wie möglich dar, während ich mit meinem Verstand die Gedanken denke und die Energien spüre, die zur Selbstliebe gehören und nehme meine Verbundenheit mit dem Whole-Self wahr.
Habe ich die beiden Seiten ausbalanciert, ermöglicht mir das, mich auf eine neue Ebene zu erheben, nämlich auf jene, die das Mittelwort ausdrückt, hier *Selbstliebe.*
Sämtliche Ideen von Schuld sind nun nicht mehr relevant, da ich auf allen Ebenen erfahren habe, daß ich beide Extreme der Selbstbeurteilungen gelebt habe. Z. B. wenn ich mich schuldig fühlte, weil ich andere stark kontrolliert habe, ist mir nun bewußt, daß das aus dem Zusammenhang heraus mit meiner Ohnmacht geschehen ist.

Ich gehe auf die beschriebene Weise alle Begriffe der Handtanzliste nacheinander durch.

Und so verfahre ich mit allen Emotionen, die ich verändern möchte.

Nach ca. acht bis zehn Tagen kann ich die beiden Extreme rechts und links möglicherweise nicht mehr spüren. Dann nehme ich nur noch das Mittelwort wahr. Ich spüre diese Energie, mache sie mir aufrecht sitzend bewußt, wieder auf allen Ebenen und nehme sie mit einer Geste des Füllens in mein Brustbein und damit in mein Herz hinein.

Zusätzlich zu den soeben beschriebenen Möglichkeiten gibt es Begriffe, die ich nicht ausbalancieren muß, da zu diesen Worten kein Extrem gehört, nämlich alles, was auf dem Niveau der Mittelworte liegt, das wird ohne Extreme bearbeitet.
Solche Begriffe, die mir entweder in der Whole-Self-Methode begegnet sind, oder die mir einfallen, als Begriffe, die eine Stärkung und Verankerung in meinem Leben erfahren sollten, schreibe ich einfach in die Mitte meiner Handtanzliste und behandele sie wie im vorherigen Abschnitt beschrieben, auch mindestens einundzwanzig Tage lang, indem ich diese Mittelworte in mein Herz hineingebe unter Zuhilfenahme aller Ebenen.
Sehr wichtig ist es, daß wir keine Extreme dort mit aufnehmen. Deutlich wird es am Beispiel *Überfluß*. Viele KlientInnen, die an der materiellen Versorgung arbeiten, würden gerne *Überfluß* als Mittelwort eintragen. Doch leider zieht dieser das andere Extrem, den *Mangel* an. Wir erreichen mehr, wenn wir uns für den Begriff *Fülle* entscheiden.

Viel Erfolg!

Die Übungscassette zur Whole-Self-Methode

Lichtmeditation und Handtanzübung

Diese Cassette ist eine Anleitung zu praktischen Übungen der Whole-Self-Methode. Ohne den Übungsverlauf selbst zu steuern, können Sie sich ganz dem inneren Geschehen hingeben.
Sie erleben auf der A-Seite die entspannende und heilende Lichtmeditation und werden auf der B-Seite mit dem Handtanz innere Polaritäten in Harmonie bringen.

1 MC ca. 45 Min, DM 29,00
ISBN 3 - 89453 - 062 - 6
voraussichtlicher Erscheinungstermin: Herbst 1996

Sie können diese Cassette direkt bestellen bei:

Die therapeutische Arbeit der Autorin

Die Whole-Self-Methode wird von Sigrid Westermann ständig in Hamburg und Münster als Einzelarbeit angeboten. Wobei für eine abgeschlossene Arbeit die Zeit von zwei Tagen benötigt wird, mit je 5-6 Stunden.
Es ist auch möglich, ein Whole-Self-Wochenendseminar zu besuchen. Daten und Orte werden auf Anfrage mitgeteilt.
Einzelstunden, die sich über einen längeren Zeitraum erstrecken sollen, können in Hamburg gebucht werden.
Im Angebot sind weitere Seminare außerhalb der Whole-Self-Methode zu den Themenbereichen: Lernschwierigkeiten bei Kindern, LehrerInnenfortbildung; andere auf Anfrage.
Für die ganzheitliche Unternehmensberatung existiert ein Konzept, das sowohl für Unternehmen als auch für Einzelpersonen, die Erfolg im Beruf anstreben, anwendbar ist.

Ihre Anfragen richten Sie bitte an:

Sigrid Westermann
D - Hamburg

Telefon und Fax-Nr.: 040 - 410 56 84

Informationen zur Whole-Self-Methode können Sie auch über den Verlag anfordern. Bitte benutzen Sie dazu den 'Informationsanfrage'- Coupon auf der letzten Seite des Buches.

Begriffserklärungen

Anorexia nervosa: (griech.: anorktein ohne Appetit sein) syn. Anorexia mentalis, Pubertätsmagersucht, Magersucht; psychogene Eßstörung m. verzerrter Einstellung gegenüber Nahrungsaufnahme, Angst vor Übergewicht, gestörtem Körperschema u. Krankheitsverleugnung.

Archetyp: Nach C.G. Jung als grundlegende seelische Bilder im kollektiven Unbewußten, die nach Verwirklichung drängen. Ausgedrückt in Mythen, Sagen, Märchen, Träumen, Visionen.

Astral: (griech.: astra = Stern) Gegensatz zur materiellen Welt. Alles aus der geistigen, nicht-stofflichen Welt wird als astral bezeichnet und ist ebenso konkret und real wie Materielles.

Bulimia nervosa: (griech:. Heißhunger) syn. Bulimarexie, sog. Freß-Kotz-Sucht, Eß-Brechsucht; psychogene Eßstörung, b. der exzessive, meist hochkalor. Nahrungsmengen in kürzester Zeit zugeführt u. anschließend Maßnahmen ergriffen werden, d. Körpergewicht in einem (sub)normalen Rahmen zu halten.

Chakra: (sanskr.: Rad) Energiezentren im Körper, an denen feinstoffliche Energien in physische umgewandelt werden. Man geht von sieben Haupt-Chakren entlang der Wirbelsäule aus. Jedem Chakra wird eine spezifische Energie zugeschrieben, die mit einem bestimmten Lebensthema im Zusammenhang steht. Durch diese Zentren gelangt die kosmische Energie in den Körper. Den Chakren werden auch die Farben des Regenbogens zugeordnet.

Kollektives Unbewußtes: Begriff des Psychologen C.G. Jung, wonach gewisse Urbilder im Unbewußtem nicht dem Persönlichen, sondern dem Kollektiven Unbewußten entspringen.
Symbolischer Ausdruck dafür, daß sich die Erfahrungen der Menschheit ständig wiederholen. Demnach sind diese überindividuellen Bilder in jeder Kultur zu finden, etwa dem Sonnenmythos - Verehrung des Apollo in Griechenland und des Osiris in Ägypten.

Meridian: Begriff aus der chinesischen Akupunktur für jene zwölf Bahnen im menschlichen Körper, in denen Lebensenergie (Chi) fließt.

Mudra: Im hinduistischen Kult rituelle Handhaltung, bei den den einzelnen Gottheiten bestimmte Finger- und Handstellungen zugeordnet werden.
Im Westen der heilende Aspekt, nach dem jede Haltung einen Energiefluß erzeugt. Für verschiedene körperliche Probleme werden verschiedene Mudras empfohlen.

Ein bezauberndes Orakelspiel
für Erwachsene und Kinder

Ursula Mattheus

Engelspiel-Karten

Himmlische Impulse

Der Planet Erde und wir als seine Bewohner machen zur Zeit große Veränderungen durch. Um auf sanfte und liebevolle Art und Weise die notwendigen Schritte tun zu können, stellen sich immer mehr Helfer aus der Lichtwelt zur Verfügung.

Engel sind Wesen des Lichtes und Teil des göttlichen Bewußtseins. Es gibt viele, sicher mehr als wir uns vorstellen können, die nicht nur uns Menschen ihre Hilfe anbieten, sondern auch allen Reichen der Natur und vielen anderen feinstofflichen Dimensionen. Wir Menschen können über Gebet oder Meditation bewußt mit ihnen in Verbindung treten und erfahren, wie heilend, harmonisierend und belebend ihre Anwesenheit auf uns wirkt.

Ursula Mattheus hat 50 Engelkarten gezeichnet und darin die Atmosphäre dieser Wesen mit spielerischer Leichtigkeit eingefangen. Alle Engel tragen, entsprechend ihrer besonderen Schwingung, verschiedene Namen. So gibt es den Engel der Erkenntnis, der Freude und der Liebe ebenso, wie den des Annehmens, der Dankbarkeit oder des Loslassens.

Erwachsene und Kinder können dieses zauberhafte Kartenspiel auf vielerlei Weise benutzen; zur Meditation, als Orakel, als begleitender Impuls für den Tag oder als Spiel für mehrere Personen in Gruppen und in der Familie.

55 Karten in einer Pappschachtel, DM 24,80
ISBN 3-89453-032-4

Falls der Coupon bereits verwendet wurde, richten Sie Ihre Informationsanfrage bitte an:

Ryvellus
Medienverlag
Hohenzollernstraße 89
D-80796 München

Umseitig

finden Sie Informationen zur Vermittlung von **Übungspartnern und -gruppen**

Informationsanfrage

Bitte informieren Sie mich über:

- ❑ Whole-Self-Methode
- ❑ Phyllis-Krystal-Methode
- ❑ Personal Totempole Process
- ❑ Akupunktur, -pressur / Körperarbeit, Massage
- ❑ Metamorphische Methode / Energiearbeit
- ❑ Meditation / Spiritualität / Vierter Weg
- ❑ Orakel
- ❑ Gesamtprogramm

❑ Seminare/Ausbildungen ❑ Übungspartner/-gruppen

zu den oben angekreuzten Themen

Bitte in BLOCKSCHRIFT *ausfüllen!*

Name: ....

Vorname: ....

Straße: ....

Land: .... PLZ: ....

Ort: ....

Tätigkeit: ....

Übungspartner Vermittlung

Haben Sie Lust, Ihre Fähigkeiten, die Sie bei Seminaren und Ausbildungen im Bereich von Heilung, Körper- und Energiearbeit, Psychclogie und Spiritualität erworben haben, mit anderen auszutauschen? Der Ryvellus Medienverlag vermittelt Übungspartner und -gruppen in Ihrer Umgebung.

Wenn Sie Interesse haben und Informationen wünschen, kreuzen Sie bitte umseitig das Feld Übungspartner und -gruppen in Verbindung mit einem oder mehreren der oben angeführten Themenbereiche an.

Für Fensterbriefumschlag geeignet

Ryvellus Medienverlag
Hohenzollernstraße 89
D - 80796 München